政衰記

「政治時評」7年間の記録

2011-2018

西川伸一

GOGATSU

凡　例

†　本書は雑誌『週刊金曜日』に、2011年4月から2018年の現在まで毎月1回連載している「西川伸一の政治時評」をまとめたものである。再録するにあたっては、連載当時にはなかった番号を掲載日の表記のあとに連載順に付した（例：11.16——＃20)。また同誌に連載枠以外で執筆した原稿も若干ながらあるため、それらも併せて再録した（例:＃9.5)。

††　再録に当たっては、タイトルやルビを含めて連載当時のままを旨とした。ただし『週刊金曜日』では2014年1月を境に、数字の表記を漢数字から算用数字に原則として変えている。本書ではその方針をそれ以前に執筆された＃1～＃33にも適用した。加えて、同誌掲載時には「文中敬称略」あるいは「文中一部敬称略」と末尾に付したものが少なからずあるが、本書ではそれらはすべて削除した。敬称がない場合、掲載時にはこの断り書きがあったとご理解いただきたい。

†††　書籍化するにあたっての新しい試みとして、政治・社会状況の展開や執筆者自身の考え方の変化などを踏まえ、連載当時のことを現時点から振り返った“その後”を「**LATER ON**」として付け加えた。

目次

政治時評 2011　013

政治時評 2012　041

政治時評 2013

政治時評 2014 123

政治時評 2015 163

政治時評 2016　199

政治時評 2017　235

政治時評 2018 269

西川伸一

政衰記 2011-2018

「政治時評」7年間の記録

五月書房新社

協力◉『週刊金曜日』編集部
編集・組版◉片岡力
装幀◉長久雅行

2011 政治時評

1.14 菅再改造内閣発足

1.21 尖閣諸島中国漁船衝突事件の映像を流出させた元海上保安官が起訴猶予に

1.31 民主党・小沢一郎元代表が政治資金規正法違反で強制起訴

3.11 午後2時46分、太平洋三陸沖を震源とする巨大地震が発生、東北地方の太平洋沿岸部に観測史上最大級の大津波が襲来（東日本大震災）

3.12～15 福島第一原発1・3・4号機が水素爆発

4.10 第17回統一地方選挙、東京都知事選では現職の石原慎太郎が4選

5.2 オバマ米大統領が緊急声明で「アルカイダ」のウサマ・ビンラディン容疑者の殺害を発表

7.5 松本龍復興担当相が被災地の知事に対する高圧的な発言の責任をとって辞任、後任は平野達男参議院議員

7.17 サッカー女子ワールドカップで「なでしこジャパン」が初の世界一に

7.24 地上波アナログ放送停波、地上デジタル放送に完全移行

8.23 リビアのカダフィ政権が崩壊

8.30 民主党・野田佳彦新代表が第95代内閣総理大臣に選出

9.3～4、9.20 台風12号および15号が日本列島を直撃、死者は100人以上に

9.10 鉢呂吉雄経産相が「死の街」発言で辞任

9.26「陸山会事件」で民主党・小沢元代表の元秘書3人に有罪判決

10.1 米ニューヨークで「ウオール街を占拠せよ」デモ

11.8 オリンパスの粉飾決算が発覚

11.27 大阪市長選・知事選のダブル選挙で「大阪維新の会」の橋下徹と松井一郎が当選

12.19 北朝鮮の朝鮮中央テレビが金正日総書記の死去を発表

4.22——#1

「一つになろう」の標語の下に日本国旗損壊罪の新設案が息を吹き返すことを懸念する

今号からこの欄を担当することになりました。よろしくお願いします。

さて、東日本大震災から40日が過ぎた。復興にはまだまだ険しい道のりが続く。あの日、私も帰宅困難者となり職場から自宅に向け6時間歩いた。歩道には人々があふれんばかりだった。その途中、自宅のトイレを使ってと女性が呼びかけていた。さらに進むと、温かい紅茶をサービスする喫茶店に出くわした。トイレだけでもどうぞと張り紙しているラーメン店もあった。風が強く寒かったが、心温まる助け合いの厚情に、なんとか挫けずにすんだ。

この日を境に、枝野幸男官房長官にお目にかからない日はなくなった。地震発生から4月1日まで、彼は首相官邸で記者会見を毎日開いた。登壇するとき、壇上に掲揚された国旗に一礼する。記者会見が終わり降壇するときも同様である。このシーンが印象的であった。

首相官邸の記者会見場に国旗が持ち込まれたのは、国旗・国歌法が成立した当日の1999年8月9日である。当時の野中広務官房長官の意向で、13日の同法公布・施行を待つことなく行なわれた。ただ、設置位置は遠慮がちで、演台から少し離れている。会見者がアップになると画面に国旗は入らない。法制定当時の鋭い意見対立を反映しているかのようである。ホワイトハウスでのオバマ大統領の記者会見をみると、国旗は大統領の左すぐ後ろに映っていた。

大地震の発生直前に、刑法に日本国旗損壊罪を新設する議員立法が自民党で検討されていた。発案者は高市早苗衆院議員である。そのホームページによれば、彼女は刑法に外国国章損壊罪の規定はあるのに、日本国旗損壊罪がないのはおかしいと考え、刑法改正を目指した。外国国章損壊罪は１９０７年の現行刑法制定時にすでに設けられている。条約改正達成の４年前であった。

議員立法は党内の政策審査の手続きをパスして政党立法となってはじめて、国会に提出できる。高市提案は2月23日の自民党法務部会と政策会議では了承されたものの、３月３日のシャドウ・キャビネットでは異論が出され、継続審議になったという。

米国では星条旗を焼く自由が裁判で争われたことがあった。１９８９年、連邦最高裁は5対4で、政府は治安を乱す「明白で現実の危険」がない限り、この種の表現行為を禁止できないと判決した。国旗の毀損もまた表現行為であり、これを処罰することは表現の自由を侵すことになるからだ。

「私はあなたの意見には反対だ、だがあなたがそれを主張する権利は命をかけて守る」という至言がある。誰の言葉かはっきりしないが、反対意見を主張する権利を守ることこそ表現・言論の自由であり、民主主義の根幹にほかならない。

高市議員が言うように「『日本の威信・尊厳を象徴する国旗』に対する愛情や誇りを（中略）

守りたい」のであれば、その方法は法による表現の自由の縮減しかないのか。むしろ私は、法の強制によっては息苦しい「愛情や誇り」しかもたらさないように考える。

大震災を機に相互扶助の明るい兆しがみえる一方、「一つになろう」のスローガンの下、異論を口にしにくい気分が瀰漫《びまん》している。これに便乗して、この刑法改正案が息を吹き返すことを懸念している。

LATER ON　2011年2月28日に『週刊金曜日』編集部から、「政治時評」コラムの担当を依頼するメールが届いた。山口二郎北海道大学大学院教授の後任としてである。11年も執筆された山口先生が退任の意向を示されたことによる。あの高名な先生の後を引き継ぐのかとたじろいだ。結局翌日に「駄文をだらだら続けるのは御誌にとっても、読者にとっても迷惑となりますので、不評となればいつでも打ち切ってください」と逃げを打って、承諾の返信を送った。その10日後「3・11」が発生した。当日の自分自身の経験から本文を書き起こした。

本文中にある国旗損壊罪を盛り込んだ刑法改正案はその翌年の2012年5月29日に、高市早苗衆院議員ほか3名を提出者とする議員立法として、衆議院に提出された。第180回通常国会の開会中であった。その会期末の2日前の9月6日に法務委員会に付託され、9月7日に同委員会と衆院本会議で閉会中審査の手続きが取られた。同年10月29日召集の臨時国会では同日に衆院法務委員会に付託されたが、11月16日に衆院が解散されたため廃案となった。

これを受けて、12月16日に総選挙が行われることになった。自民党は「J‐ファイル2012　総合政策集」に「日本国旗損壊を禁止する刑法改正」を掲げた。しかし、政権奪還後にはこの刑法改正案は提出されなかった。2014年の総選挙に向けて作成された「J‐ファイル2014　総合政策集」、さらに2017年総選挙用の「J‐ファイル2017　総合政策集」にはこの項目は存在しない。政権奪還のための保守層向けのアドバルーンで、本気で取り組む気はなかったのである。

トランプ大統領もまだ次期大統領であった2016年11月29日にツイッターで、米国旗を燃やす行為を処罰すべきだなどと主張した。だが、大統領就任後はそのための動きをみせていない。

5.27——#2

政局とは一線を画す理性の府という参議院の存在意義を議長が忘れてはいけませんね

5月14日の午後6時半。いつものように、テレビでサザエさんが始まるのを子どもたちとみていた時、変化に気づいた。

従来のオープニングは主題歌が終わると、サザエさんの声で「サザエさんは東芝とご覧のスポンサーの提供でお送りします」とスポンサー企業が紹介されていた。ところが、東日本大震災を機にこの場面ではサザエさんとは別の声になり、原発メーカーである東芝の名は落とされた。それが、14日放送分で、おなじみのサザエさんのせりふに戻ったのである。

また一つ、3・11前の風景が復活した。経産省原子力安全・不安院、いえ失礼しました、保安院に採用された企業出身者は、2001年以降少なくとも82人に及ぶという。そのうち、東芝は22人と突出している。やはり不安だ。

一方で、国会をみていて不安を感じるのは、西岡武夫参院議長の言動である。

西岡武夫ときいてすぐに連想するのは、1976年に河野洋平らとともに自民党を離党し、新自由クラブを旗揚げした往時であろう。その後自民党に復党するが再び離れ、新進党、自由党、民主党などを渡り歩いた。衆院議員として11回、参院議員として2回の当選を数える。そして、2010年の参院選のあと、参院議長に選出された。慣例的に参院議員から首相は指名されないので、参院議長が参院議員の最高峰ポストになる。

歴代参院議長の中で、西岡ほど衆院議員として長いキャリアをもつ者はいない。前任の江田五月は衆院議員としては当選4回である。それ以前の自民党から議長が出ていた時代になると、衆院議員歴のある参院議長は河野謙三（洋平の叔父。議長在任1971―77）まで遡《さかのぼ》る。その河野とて衆院議員としては当選1回にすぎない。

すなわち、衆院が「政権選択の府」であるのに対して、「理性と良識の府」を掲げる参院に誇りと愛着を持つベテラン議員が議長に就いてきた。彼らは参院の独自性と自主性の確保を目指して、参院改革に心を砕いた。

西岡はこうしたDNAから無縁であるばかりか、それを根絶やしにしそうな勢いである。彼自身が週1回定例化した記者会見の場で、首相批判、退陣要求を繰り返してきた。そればかりか、5月19日付『読売新聞』に寄稿し、「菅首相、貴方《あなた》は、即刻、首相を辞任すべきです」とまで書いた。その8日前には、わざわざ参院議長公邸に議員を集めて、「増税によらない復興財源を求める会」なる超党派の議員連盟の呼びかけ人にもなっている。

これが「理性と良識の府」の議長がすることであろうか。衆院を通過した予算案を1日ずらして受け取るパフォーマンスに至っては、開いた口がふさがらなかった。

議長は行司役であって主役ではない。その権威の源泉は政局を意識したスタンドプレーではなく、中立的で謙抑的な気高さにある。西岡は参院の存在理由と議長の本分をまったくはき違えて、目立っていると言わざるを得ない。

サザエさんがおしとやかになったり、カツオが優等生になったりしたらつまらない。期待されている役割分担を登場人物が踏み越えないからこそ、安心してみていられる。西岡議長におかれましても、職責をよく自覚され隠忍自重なさいますように。

LATER ON 東芝が経営合理化を理由に『サザエさん』のスポンサーを今年3月で降

りて、アマゾンら3社が新スポンサーになった。番組冒頭おなじみの「サザエさんは東芝とご覧のスポンサーの提供でお送りします」というアナウンスは、「サザエさんはご覧のスポンサーの提供でお送りします」に変わってしまった。西岡参議院議長は在職のまま2011年11月5日に死去した。11月25日には参議院葬が執り行われた。1976年にともに自民党を離党して新自由クラブを結成した河野洋平元衆院議長は、「まじめで一途な人だった」と悼んだ。西岡氏はやがて河野氏と衝突し、自民党に戻った。その後の政歴は本文中のとおりである。国会議員の通算在職期間は約42年に及んだ。

6.24 —— #3

もう「壊体」は十分でしょう 晩節を汚し自分の人生まで 壊す前に身を引いてはいかが

謹啓　小沢一郎先生

これまでのあなたの輝かしい政歴はいうまでもありません。それを承知の上で、はなはだ僭《せん》越《えつ》ながら申し上げます。晩節を汚さぬようそろそろ身を引かれてはいかがでしょうか。先日の内閣不信任案騒動をみて、私はそれを強く感じた次第です。

「若い者には任せておけない。まだまだ自分がやらなければ」とお思いになっていることでしょう。しかし、政界の「壊体屋」の異名をとるあなたに振り回されるのは、もう御免被りたいのです。さらに、党員資格停止中のあなたが、今回の政局の中心にいたことに言いしれぬ違和感を覚えました。

野党が提出した内閣不信任案に与党議員が賛成するという禁じ手に、あなたは再び手を染めようとしました。前回は忘れもしない1993年6月。社会党など野党が提出した宮澤喜一内閣不信任案に、竹下派を割って出たあなたの派閥は賛成票を投じたのです。そして新生党を結成しました。

一方、このとき武村正義氏、田中秀征氏らも自民党を離党し、新党さきがけを旗揚げします。それでも彼らのほとんどは、内閣不信任案に反対したあと離党ました。与党議員であれば反対するのが政党政治の常道であることを、彼らは理解していたのです。

小沢先生。あなたはご自身の意思を直接相手に言わず、側近を介して伝えるのがお得意とのこと。ところが今回は、グループの1年生議員の携帯電話に直接電話したそうですね。本気度が伝わってきます。ちなみに、その議員はあえて電話に出ず、それ以来、あなたのグループからは会合に誘われなくなったといいます。

人情の機微に通じたあなたは、この14日から連日ご自宅にグループの若手議員を招いて、求心力の回復に躍起のようです。あなたがオヤジと慕った田中角栄元首相が、「数は力」と公言していたのを思い出します。ただ、奇しくも同じ47歳で自民党幹事長にのぼりつめたあなたとオヤジとでは、幹事長としての評価に雲泥の差があるようです。

「担ぐ御輿《みこし》は、軽くてパーなヤツが一番いい」と、あなたは幹事長として支えた海部俊樹元首相のことを評したといわれます。もちろん、あなたはこれを強く否定しています。その真偽はともかく、のちの新進党党首、自由党最高顧問と合わせて、あなたと3度タッグを組んだ海部氏は、著書であなたについてこう述べています。

「物事がまとまりかけると、自分の存在価値が低くなるから、つぶす」「またまた小沢氏が連立離脱を言い始めた。〔自自公〕政権が安定してきたので、存在感がなくなると考えたのだろう。そういう時、彼は政策論争をふっかけたりする」

宮澤内閣不信任のときは政治改革の断行を、自由党の政権離脱の際には連立合意の不履行を、そして今回の不信任案騒動では震災・原発事故対応の不手際を、あなたは「壊す」口実としてふっかけました。「もう病いとしか言いようがない」（海部氏）と私も思います。

件の1年生議員は「あと10年経てば新しい政治ができるのに」とこぼしていました。この10年を大幅に短縮できるもっとも簡単な方法があります。それはあなたが「重大な決意」をされることです。

敬白

LATER ON 小沢さん、ごめんなさい！　勇退勧告を撤回します。内閣人事局を「ゴマスリ役人製造機」と的確に批判したり、「森友」決裁文書改ざん問題で「役人でこんなことできる度胸のあるのいないよ」と発言したり。あなたはいまの日本政治にとって欠かせないご意見番になっています。他を圧する衆院議員当選回数17回は伊達ではありませんね。「手に取るなやはり野に置け小沢さん」

7.22――#4

脱原発社会への道を確固たるものにできるなら、菅首相の「やめない力」に期待したい

「タイミングを計って引退するなんてことは、もはや僕の選択肢にはない。そんなことも考えずに、ただ今日も一生懸命やる、明日も一生懸命やる、それだけなのだ」

菅直人首相の発言かと思うが、これはカズこと三浦知良《かずよし》選手（横浜FC）の著書『やめないよ』（新潮新書）からの引用である。

先日、ある裁判官と立ち話をした。彼は弁護士任官で9年目。10年の任期切れを来年迎える。再任希望を出して裁判官を続けるか弁護士に戻るか、思案中とのことだった。「再任を考えなければ恐いものなんてないですよ」と彼は半分真顔で言った。

この言葉は、いまの菅首相の心境をそのまま表していよう。「退陣表明」以降、レームダック化するどころか、恐いものなしの振る舞いを続けている。

浜田和幸参院議員の一本釣り、松本龍復興相の任命直後の辞任、ストレステスト（耐性調査）をめぐるドタバタと海江田万里経産相の辞意表明、民主党執行部からの公然たる批判の声、そして政権交代後最悪の支持率、などなど。

もはや「宰相不幸社会」の「終わりの終わり」的状況だが、本人は至って意気軒昂にみえる。7月13日の記者会見では、従来のエネルギー政策を白紙撤回し、脱原発社会を目指すことを明言した。社民党の福島みずほ党首は「英断」と評価し、「一定の道筋をつけるまでは頑張ってほしい」とエールを送った。

原理原則に立ち戻れば、議院内閣制における首相の任期は次の総選挙までである。その間は衆院で内閣不信任案が可決されない限り、首相を引きずり下ろす制度的手立てはない。もちろん、首相は与党党首でもあるので、党首の任期が切れれば退陣することになろうが。

著書の中でカズは「監督業は麻薬だ」という言葉を紹介している。「苦い経験をしてもまたやりたくなる魅力があるらしい」。おそらく、首相ポストの麻薬度は監督業の比ではあるまい。いったん味を占めたら最後、絶対に手放すまいと思わせる権力の魔性がそこに潜む。

「辞任」3条件のひとつである第二次補正予算案は、22日成立の運びとなった。再生可能エネルギー法案も共産党と社民党が乗り気なので、参院で過半数を確保できる見通しが立ちそうだ。残る特例公債法案についても、与野党が歩み寄って最終的には会期内に成立するのではないか。

それでも「一定のめど」は菅首相の胸先三寸である。昨年11月に鳩山由紀夫前首相と会談した際、菅首相は「内閣支持率が1％になっても辞めない」と語ったと伝えられた（その後、鳩山氏は首相の友達が1%になっても辞めないでくれと激励したのが、まちがって報道されたと述べた）。

こうなったら往生際悪く、菅政権には脱原発社会への移行プログラムを綿密に策定してほしい。エネルギー政策転換の確固たる礎石を定めるのだ。政治において重要なのは、「誰がやったか」ではなく「何をやったか」であろう。政治家同士の泥仕合を「実況」する政局報道に惑わされることなく、政策本位で判断したい。

辞任のタイミングなど考えずに、今日も明日も一生懸命やる。キング・カズよろしく菅首相の「やめない力」に、脱原発の一点で期待してみたくなる。

LATER ON 菅首相は首相退任後も2012年、2014年、そして2017年の総選挙をしぶとく勝ち抜き、衆院議員として当選回数は13回に達している。それ以上にしぶといのが「原子力ムラ」である。2014年4月に政府が「エネルギー基本計画」を閣議決定し、原発は「重要なベースロード電源」と位置づけられた。「3・11」後に民主党政権が目指した「2030年代に原発ゼロ」の方針は撤回されたのである。2014年7月には原子力規制委員会は鹿児島・川内原発1・2号機について、安全対策は新規制基準を満たしているとした「審査書案」を公表した。安倍首相は「世界で最も厳しい安全基準にのっとり、再稼働を進めたい」と述べた。「世界で最も厳しい」には何の根拠もないのだが。

2015年8月に鹿児島・川内原発1号機が再稼働し、約2年間の「原発ゼロ」が終わった。同年10月には同2号機も再稼働した。2016年8月には愛媛・伊方原発3号機が、2017年5月には福井・高浜原発4号機が、6月には同3号機が再稼働にこぎつけた。2018年3月になると、福井・大飯原発3号機、佐賀・玄海原発3号機と再稼働が続いた。同年5月には大飯原発4号機、6月には玄海原発4号機が再稼動した（ただし、伊方原発3号機は2017年12月13日の広島高裁決定により2018年9月30日まで運転差し止め）。新規制基準に適合した原発が次々に再稼働されていく。

2017年7月に俳優・中村敦夫氏の朗読劇「線量計が鳴る」を観た。ラストの四場は「原発を動かしている本当の理由」「利権に群がる原子力ムラの相関図」。必見である。

8.26——#5

「政治で一番重要なのは独裁」なんて言う知事の麻酔から醒めませんか、府民の皆さん

「今の日本の政治で一番重要なのは独裁。独裁と言われるぐらいの力だ」

大阪府の橋下徹知事は、6月29日夜、大阪市内のホテルで開かれた自らの政治資金パーティーの席上、約1500人の出席者を前にこう気炎を上げた。6月3日には、公立校の教職

員に君が代の起立斉唱を義務づける全国初の条例が大阪府議会で成立した。これは橋下知事が代表を務める大阪維新の会府議団が提出したものである。

しかし知事にとって、君が代条例成立は本丸を落とすための一歩にすぎなかった。その本丸とは教育委員会制度である。各自治体には首長から独立した合議制の行政委員会として、教育委員会が置かれている。この制度は特定の党派的影響力から教育の中立性を確保し、首長の一存によって教育が左右されるのを防ぐ役割を担う。

これに対して知事は、5月18日の記者会見で「今の教育委員会制度では教員に対する責任の所在、教育に対する責任の所在が全く分からない」と批判している。さらに「何か問題提起するネタはないかということで、この君が代問題は念頭にあった」と述べた。4月の府立高校入学式では、2人の教員が職務命令に従わず起立斉唱しなかった。これが格好の「ネタ」になって、条例制定へと事態は急展開する。不起立教員の存在は、教育委員会が現場をマネジメントできていない象徴とされた。

条例成立から教育委員会制度の骨抜きに至るのは当然の成り行きだった。知事は8月17日に、維新の会が「教育基本条例案」を9月府議会などに提出することを正式表明したのである。君が代条例同様、知事提案ではなく維新の会の議員提案としたのは、独裁批判をかわすカムフラージュだろう。

条例案によれば、知事は教育委員会とともに学校が実現すべき目標を設定し、教育委員がその実現努力を怠った場合は、議会の同意を得て罷免できる。全員公募される校長には「年俸制」を導入し、教科書採択権や教員採用権をもたせる。また、すでに条例化された君が代の起立斉唱に従わないなど職務命令に3回違反した教職員は罷免できる。「愛国心」教育も明記された。

橋下知事や維新の会の幹部はしきりに「府民」「民意」「政治主導」を強調する。「起立しないのは府民への挑戦」「教育では中立性が強調され、民意が反映されていない」「教育委員会に全部任せるんじゃなく、民意を受けた議会でしっかりオーソライズしましょう」「(選挙で選ばれた)知事と教育委員会が、ともにビジョンをつくっていくべきだ。(条例が成立すれば)政治が教育の目標をつくることになる」

これらの「府民」「民意」「政治」を「知事」に置き換えれば、彼の意図は明瞭になろう。「民意」に名を借りた「御意」に召さない「治外法権」の行政領域を、浪速のヒトラーは潰しにかかっているのだ。

知事はこの条例案と同時に提出する予定の「職員基本条例案」を、11月の知事・大阪市長のダブル選の争点とする意向である。ここで「民意」の支持を得て、来春までにはこれらを可決・成立させることを目指すという。

橋下流皇民化教育でも行なうつもりなのか。大阪府民は独裁を肯定する知事のかけた麻酔からそろそろ醒めるべきだ。

LATER ON　2011年11月のダブル選挙で橋下氏はなんなく大阪市長に当選した。

翌2012年3月の大阪府立和泉高校での卒業式では、同校校長の方針で教職員が君が代を歌っているかの「口元チェック」まで行われた。校長で弁護士の中原徹氏は橋下市長と大学時代の友人であり、橋下知事時代に校長公募で就任した経緯がある。その中原氏は2013年4月に府教育長に栄転する。そして、府教育委員会は同年9月に府立学校に対して、入学式や卒業式の君が代斉唱時に教職員が実際に歌ったかどうかを、管理職が目視で確認するよう求める通知を出した。

橋下市長は2015年5月の大阪都構想の賛否を問う住民投票でそれが否決されたことなどから、同年12月の市長任期満了をもって政界から去った。中原教育長はそれに先立つ同年3月に、部下である教育委員へのパワハラ問題で辞職した。そして、カジノ事業に熱心な遊戯機器メーカーに再就職した。ちなみに、日本維新の会はカジノの大阪誘致を目指して、統合型リゾート（IR）整備推進法案（カジノ法案）を自民党とともに可決・成立させた。

いまや、2012年当時に府の国旗国歌条例（「大阪府の施設における国旗の掲揚及び教職員による国歌の斉唱に関する条例」）で処分を受けた教員が定年退職を迎える年齢になった。年金受給開始までの再任用や非常勤講師としての継続雇用を希望しても、府教委は「総合的判断」を理由に拒否してくる。橋下時代の負の遺産はいまも「健在」なのだ。

9.23 ―― #6

「天罰」発言はあっさり許し「死の街」発言は徹底的に叩くメディアの基準はどこにある？

マスメディアの弱い者いじめ体質にはもううんざりだ。

「津波をうまく利用してだね、我欲を一回洗い落とす必要があるね。積年たまった日本人のアカをね。これはやっぱり天罰だと思う」

どこぞの都知事は、東日本大震災直後の3月14日にぬけぬけとこう放言した。しかし、マスメディアのさしたる追及も受けずに、翌日に通り一遍の謝罪を記者会見で述べて「免罪」されてしまう。

片や、わずか在任9日目で辞任に追い込まれた鉢呂吉雄前経済産業大臣の発言は次の通り。

「残念ながら（原発）周辺の町村の市街地は、人っ子一人いない。まさに『死の街』という形だった」（9月9日記者会見）

その前日夜の記者懇談で「放射能発言」をしたのかどうかについては、「非公式な懇談という気安さもあって、そう受け止められたのであれば、許されることではない」（10日記者会見）としている。本人は発言に否定的なのである。

『朝日新聞』が9月13日付朝刊でこの「放射能発言」報道をめぐる検証記事を掲載している。記者懇談は8日夜である。報道しようと思えば、9日の朝刊に載せることはできた。実際は、「死の街」発言のあとに同日夜のニュース番組で報じられ、10日の朝刊各紙で「炎上」する事態となった。ただ、「という趣旨の発言をした」という表現を用いたのが半数の社にのぼり、事実関係がどうも判然としない。

ところで、小泉純一郎政権は5年5カ月も続いたが、今回のように「失言」で引責辞任した大臣は一人もいない。さすがの飯島勲秘書官（当時）が「身体検査」をしっかりやって、心配のない政治家だけを起用したのか。まさか。当の小泉首相（当時）自身が「涙は女の武器」「この程度の約束を守れなかったというのは大したことではない」「（イラク国内で）どこが戦闘地域でどこが非戦闘地域かと今この私に聞かれたって、わかるわけない」と奔放な発言を繰り返した。

首相がこれだから、大臣たちも記者会見や非公式懇談で相当きわどいことをしゃべっていたのかもしれない。しかしそれらは、圧倒的人気の「小泉劇場」の前ではニュース価値がないと聞き流されてしまったのではないか。先週号の「青島顕の政治時評」によれば、小泉氏が関係する政治団体の不透明な事務所費処理の指摘もうやむやにされてしまったという。

盤石の長期政権が終わるや、「なんとか還元水」「ばんそうこう大臣」「漢字が読めない」「もうろう会見」と、次々に首相や大臣がマスメディアの餌食となった。

もちろん彼らの資質に問題がなかったわけではない。だが、首相や大臣の職分からはおよそ無縁な些事をあげつらって、政策ではなく単なる揚げ足取りに国民の関心を誘導するのはいかがなものか。しかも、これが国民の「知る権利」に応えるマスメディアの使命だと居直るから始末が悪い。

強きを助け、弱きをくじく。マスメディアの「我欲」丸出しのヒステリックなバッシング報道。鬼の首ならぬ大臣の首を取って溜飲を下げることに、政治そのものが矮小化されていいのか。こうした報道姿勢こそ、日本政治の劣化と国民の政治をみる目の鈍化を助長しているように思えてならない。マスメディアには「我欲」を洗い落とせと強く言いたい。

10.21 ——#7

「直勝内閣」の「組閣」か 異例の官房事務副長官人事に勝財務事務次官の影あり

9月29日の参院予算委員会で、たちあがれ日本の片山虎之助議員が、野田佳彦首相に質《ただ》している。

「野田内閣は直勝内閣と言われているんですよ。（略）財務省が全部主導する、そこの〔勝栄二郎〕事務次官が全部主導する。官房副長官の人事もそう、あれもそう、これもそう、今度の増税でもそう」

私がこの発言で特に注目したいのは、官房副長官の人事も財務省主導で行なわれたという指摘である。内閣官房副長官は3名いる。うち2名は政務副長官といって、与党の衆院議員、参院議員から1名ずつ充てられる。残る1名が事務副長官であり、旧内務省の流れをくむ役所OBから起用されるのが通例だった。

この事務副長官は「影の首相」「官僚首座」と称される官邸事務方の最高峰ポストである。村山富市政権から小泉純一郎政権まで8年7カ月もこの職にあった古川貞二郎によれば、その職務は「閣議の準備、各省庁にまたがる問題の総合調整など内閣運営の全般に携わる」という。

野田内閣で事務副長官になったのは、竹歳誠前国土交通事務次官である。これは二つの意味で異例の人事だった。彼が元官僚ではなく現職の事務次官であったことと旧建設省出身であったことだ。

田中角栄政権で事務副長官を務めた故・後藤田正晴は、建設省出身者が就いてこなかった理由をこう説明した。「〔旧内務省系以外は民間や政治との〕関係が深すぎるということで、政治の総合調整をやる場合、偏ったことをやっているのではないかという憶測を受けるおそれがある（略）建設省は旧内務省系であっても、偏っていると言われるおそれがありますから、その出身者はなっていない」。

閣僚の資産公開を伝える10月15日の『朝日新聞』によれば、竹歳は国交省在職時の担当業界の株式を「父から相続」していた。

竹歳の人事は当の国交省にとっても寝耳に水で、後任の事務次官が決まるまで約半月を要した。国交省の慌てぶりが窺われよう。異例で唐突な人事の狂言回しを「推認」すると、勝財務事務次官に行き当たる。「竹歳氏と勝氏は蜜月関係。両氏と一緒に何度も食事した」（財務大臣経験者）、「勝さんの引きだ」（国交省幹部）。

勝は「10年に一度の大物次官」とされる。首相が民主党ネクスト財務大臣だったとき勝は主計局次長であり、財務副大臣のとき主計局長、そして財務大臣になって1カ月後に事務次官に昇進している。首相は上述の片山の質疑に「特定の省の特定の誰かに洗脳されたわけではない」と反論した。それでも両者の二人三脚ぶりは明白である。竹歳が加わり、三人四脚の「直勝内閣」というわけか。

鳩山由紀夫内閣は、官僚主導の象徴として事務次官会議を廃止した。それが「3・11」以降、各府省連絡会議として復活し、野田内閣になって毎週金曜日に定例化している。主宰する竹歳は「官僚には思い切り働いてほしいという〔のが首相の〕方針だ」と胸を張る。首相が9月13日の所信表明演説で「官僚は専門家として持てる力を最大限に発揮する」と述べたことが、錦の御旗になっている。

結局、官僚主導でないとこの国は回らないのか。これが政権交代2年の学習効果だとしたらあまりに悲しい。

LATER ON モリカケ問題の発覚を経たいま読み返すと、官僚主導のほうがまだマシだったのではないかとさえ思えてくる。官僚の幹部人事でも政治主導を実現しようと内閣人事局が設置された。その結果、「忖度官僚」「ヒラメ官僚」がはびこる事態になっている。官僚主導と政治主導の「ほどほど」のベストミックスが求められている。

11.18――#8

任期満了まで総選挙なければ国民審査なく判事退官という最高裁発足以来初の事態発生

麻生太郎元首相が自民党麻生派の総会で、「（野田佳彦内閣が）消費増税に関する法案を提出されるそうだが、その前に国民の信を問うことが筋だ」と述べた（11月11日付『朝日新聞』）。まったくそのとおりだと私も思う。もちろん、「国民の信を問う」とは解散総選挙を意味している。

実はひそかに確信しているのだが、早期の解散総選挙を一番望んでいるのは最高裁ではないか。総選挙と同時に最高裁判所裁判官の国民審査が実施される。対象になる裁判官は、前回の国民審査以降に就任した7人と次回までに新たに就く裁判官である。

最高裁裁判官は70歳で定年となる。衆院議員の任期を考えれば、最高裁裁判官に66歳以上で任命された場合、その裁判官が国民審査を受けないまま定年退官する事態も理論上は起こりうる。

しかし、これまで就任した160人のうち、国民審査を経ずして退官した裁判官は2人しかいない。1人は在職中に病没した穂積重遠である。もう1人は庄野理一で、彼は片山哲内閣を揺るがせた平野力三農相の罷免・追放問題をめぐる「失言」を追及されて依願退官した。いずれも戦後直後のことであった。言い換えれば、最高裁発足以来、定年まで在職して国民審査を受けなかった最高裁裁判官は1人もいないのである。ところが次の総選挙が2013年まで行なわれないと、この初のケースが生じてしまう。

その「候補者」が、09年12月28日に就任した須藤正彦判事である。彼は1942年12月27日生まれなので、2012年12月26日に定年退官する。一方、現在の衆院議員は13年8月29日で任期満了となる。

野田首相は11月3日に仏カンヌで始まったG20首脳会合で、10年代半ばまでに段階的に消費税率を10%まで引き上げると「国際公約」した。そして、来年1月の通常国会で税率引き上げの関連法案を成立させ、増税実施前に信を問うという。増税開始は早ければ13年秋になるようだ。麻生と同様に、任期満了ぎりぎりまで解散しない腹づもりなのだろうか。

最高裁裁判官の後任人事は、実質的には最高裁長官が首相に候補者を推薦して決まる。最高裁裁判官15ポストには、職業裁判官、弁護士、学識者という出身枠がある。欠員が出る場合その同じ出身枠から後任が選ばれる。須藤は弁護士出身であるから、日弁連が最高裁に彼を含む何人かの候補者を推薦したはずである。

小選挙区制は第一党に過剰な議席をもたらす。その結果、与党は衆院で圧倒的多数の議席を擁するので解散をなるべく先送りしようとする。こうした力学を十分検討せず、日弁連が推す候補者の中から就任時67歳の須藤を通した最高裁は短慮だったのではないか。

言うまでもなく、国民審査は憲法に規定された制度である。これが蔑ろにされる事態は、いかに国民審査が形骸化されているとはいえ、決して看過できない。

来年2月に、どちらも弁護士出身の最高裁裁判官である那須弘平と宮川光治が相次いで定年を迎える。すでに日弁連から最高裁にそれぞれ4人ずつの候補者が伝えられていると聞いた。最高裁と内閣には、国民審査に必ずかかる点にも意を配って後任を決定することを切望したい。

LATER ON 最高裁は野田首相に感謝したのではないか。2012年11月14日の党首討論で、野田首相は安倍自民党総裁に対して、「(11月)16日に解散をします」と宣言したのである。この約束どおりに衆議院は解散され、12月16日に第45回総選挙と同時に第21回国民審査が執行された。須藤裁判官は定年退官10日前に辛うじて国民審査にかかったのである。これに懲りたのだろう。須藤氏以降で67歳での最高裁裁判官への就任例はない。ちなみに、野田政権の官房長官を務めた藤村修氏によれば、野田首相は解散先送りについて「年が明けてもいろいろな批判があっても構わない」とまで腹をくくっていたという(藤村修『民主党を見つめ直す』2014年、毎日新聞社、176頁)。

12.23 ——#9

民主党が在日外国人の入党を認めない規約に変えることは自己否定だと気付いているか

また一つ民主党らしさが失われようとしている。12月13日、民主党の党規約・代表選挙規則検討委員会は、外国人は党員になれないように規約を改正する方針をまとめた。21日の両院議員懇談会で了承されれば、1月16日の党大会で正式決定される。

現行の民主党規約3条は、「本党の党員は、本党の基本理念および政策に賛同する18歳以上の個人（在外邦人および在日の外国人を含む）で、入党手続きを経た者とする」と定めている。

ちなみに、公明党は規約4条で「国籍を問わず党員となることができる」としている。社民党の党則には「本党の基本理念及び政策に賛同する18歳以上の者」（4条）としか書かれていないので、外国人も入党できるのだろう。一方、自民党の党則、みんなの党と共産党の規約には、党員資格として国籍条項がある。

事の発端は、2010年10月6日の衆院本会議で、自民党の稲田朋美議員がこう指摘したことに遡る。「野党時代ならともかく、与党になっての代表選は、実質上、この国の総理大臣を決める選挙です。ということは、この国の総理大臣を決める選挙に外国人が投票権を持つことになり、明らかに憲法違反だと断ぜざるを得ません」

憲法違反とは相当短絡的だが、確かに規約によれば、党代表選の有権者には党員とサポーターも含まれる。「在日の外国人」も当然有権者である。稲田の質疑に対して当時の菅直人首相は、「今後、党内で検討していきたい」と答えた。

そして今年の夏以降、自民党はこの問題を国会で3回取り上げている。まず7月26日の参院内閣委員会で、山谷えり子議員が民主党内の検討状況を質した。問題先送りが判明すると、山谷は批判を強める。「外国からの介入を招くようなことをあえてほったらかしにする（中略）反日工作機関の介入を招くようなことを（中略）あえて放置する（中略）そうしたことが北方領土や竹島や尖閣や様々な問題をこれ招いているんだ」。しかし、この論法には飛躍がある。

続いて、8月11日の参院予算委員会で有村治子議員が「民主党代表選規約の危険性」について尋ねている。さらに、10月27日の参院内閣委員会では前出の山谷が「共産党でさえ日本人に限る」として、民主党が外国人党員・サポーターを認めている点を難じた。

ところで、小沢一郎元民主党代表は自身のホームページで、「主として永住外国人の大半を占める在日韓国・北朝鮮の人々は、明治43年の日韓併合によって、その意に反して強制的に日本国民にされました」などと述べて、永住外国人への地方参政権付与は許容されるべきだと表明している。

あるいは、1998年4月27日の民主党統一大会で決定された「私たちの基本理念」を引いてみよう。「私たちは、これまで既得権益の構造から排除されてきた人々、まじめに働き税金を納めている人々、困難な状況にありながら自立をめざす人々の立場に立ちます」。ここには永住外国人も想定されているはずだ。

すなわち、民主党が「在日の外国人」の入党を認めてきたことは、党の存在理由と深く結びついているのである。扇動的な批判に屈した今回の結論は自己否定につながると、どれほどの民主党議員が自覚していようか。

LATER ON 国会に議席をもつ政党で、入党に関していわゆる国籍条項を党則・党規約に設けているのは、現在では自民党（党則第3条）、立憲民主党（党規約第5条1）、国民民主党（党規約第4条1）、共産党（党規約第4条）、日本維新の会（党規約第4条1）、希望の党（党規約第4条1）、自由党（党規約第3条1）、および社民党（党則第4条1）である。これに対して、公明党の規約は国籍条項を定めていない。すなわち同第4条に「党の綱領及び規約を守り、その政策及び諸決議を実現するため党活動に参加しようとする18歳以上の者は、国籍を問わず党員となることができる。」と書かれている。その理由はきわめて興味深そうである。

2012 政治時評

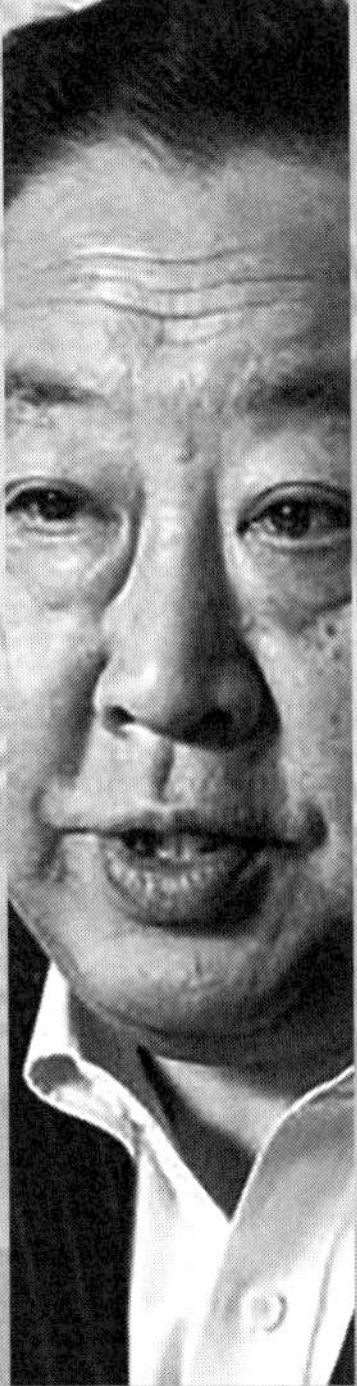

1.13 野田第 1 次改造内閣発足
2.10 復興庁発足
2.16 オリンパスによる粉飾決算事件で 4 人が逮捕
2.20 山口県光市母子殺人事件の被告人の死刑確定
3.30 福島復興再生特別措置法、新児童手当法が成立
4.11 金正恩が朝鮮労働党の第一書記に就任
4.13 北朝鮮の平安北道鉄山郡東倉里付近のミサイル基地からミサイルと見られる飛翔体が発射
4.19 福島第一原発 1 ～ 4 号機が正式に廃炉
4.26 東京地裁、「陸山会事件」で民主党・小沢一郎元代表に対し無罪判決
5.5 北海道電力泊発電所の運転停止により、1970 年以来 42 年ぶりに日本のすべての原発が稼働停止
5.22 東京スカイツリー開業
6.4 野田第 2 次改造内閣発足
6.26 消費税を 2014 年 4 月 1 日から 8%、2015 年 10 月から 10%に引き上げる消費税法改正案が衆議院本会議で可決
7.5 大飯原発 3 号機が再稼働
7.11 新党「国民の生活が第一」結成
8.10 韓国の李明博大統領が竹島に上陸
9.11 日本政府、尖閣諸島を国有化
9.15 尖閣諸島国有化に反発して中国で反日デモ発生
10.1 野田第 3 次改造内閣発足
10.8 山中伸弥がノーベル生理学・医学賞を受賞
11.13 石原慎太郎前東京都知事と「たちあがれ日本」の平沼赳夫代表が新党「太陽の党」を結成
11.16 衆議院解散（「近いうち解散」）
11.27「国民の生活が第一」が「日本未来の党」に合流して解党
12.16 第 46 回衆議院議員総選挙で、野党第一党の自民党が単独で絶対安定多数（294 議席）を確保し大勝、また東京都知事選挙では猪瀬直樹が初当選
12.26 安倍晋三が内閣総理大臣に再就任、自民党・公明党の自公連立政権による第 2 次安倍内閣発足

1.20——#9.5

野田〝消費増税〟内閣は自民路線の継承にすぎない

1月13日に野田改造内閣が成立した。岡田克也副総理が目玉の消費増税シフトである。野田佳彦首相は内閣改造後の記者会見でこう述べた。

「耳当たりの良い、耳障りの良いことを言って国民の歓心を買うという政治ではなくて（中略）辛いテーマもしっかりお訴えをして、ご理解をいただけるという政治を日本で作れるかどうかが、私は正念場だと思います」

そのとおりだ。増税を喜ぶ国民は一人もいない。蟻ときりぎりすではないが、国民がいやがる政策でも、長期的時間軸を明示して実現していく胆力が政権担当者には求められよう。とはいえ、「耳当たりの良い、耳障りの良いことを言って国民の歓心を買う」政治を目指してきたのは、民主党自身であったことを忘れてはなるまい。

その質疑応答で首相も答えているように、２００９年のマニフェストには消費増税はまったく書かれていない。すでに当時、麻生太郎首相は「どういう手品か。勘定を付け替えたら、いかにも（財源が）出てくるような話をする」と強く批判していた（２００９年8月18日）。一方、鳩山由紀夫代表（当時）は同日、「四年間は消費税を上げる必要はまるでない」と断言した。

しかし、勘定付け替えによる財源捻出は絵空事に終わり、首相の応答を続ければ、「（消費増税を―引用者）議論をしていくことはそのあと途中からはみんなが認め」ざるを得なくなった。

そもそも、質問されてようやくマニフェストに言及するのはやや姑息ではないか。訊かれる前に、マニフェストに書いてないことを断行すると決意表明すればすがすがしかった。

ところで、たびたび首相は、社会保障と税の一体改革（消費増税）に「不退転の決意」で臨むと意気込みを示している。遡れば、竹下登元首相が税制改革（消費税導入）に対して用いた言葉である。竹下の「不退転の決意」の原点は、大平正芳政権下で一般消費税導入失敗後になされた国会決議（1979年12月21日）にある。そこでは「国民福祉充実に必要な歳入の安定的確保」が謳われていた。

野田首相も先の記者会見で、「未来に永続して続ける社会保障の機能を確保するために、それを支えるための安定財源が必要です」と同じ文脈を繰り返した。社会保障を賄う安定財源は大型間接税しかないというのが、大蔵省・財務省の「機関哲学」なのだ。大平、竹下はもちろん、菅直人前首相、野田現首相も蔵相・財務相を経験している。在任中にその「機関哲学」をたっぷり注入されたのだろう。

ただ、後藤田正晴元官房長官は『政と官』の中で次のように警告している。「役人が大臣に提示する政策案を一つに絞って、これしかない、と突っ張るのは行き過ぎだ」。

要するに、今回の社会保障と税の一体改革は、実はかつての大蔵省・自民党路線の継承でしかない。そろそろ私たちは、あの「政権交代」は戦後保守政治の延命にすぎなかったと悟るべきなのかもしれない。

1.27――#10

掲げた政策が骨抜きにされ
改革の理想から遠ざかる……
『動物農場』のような民主政権

まるでジョージ・オーウェルの『動物農場』を読んでいるかのようだ。

1月20日の閣議後の記者会見で、藤村修官房長官は内閣法制局長官を次の通常国会から政府特別補佐人にすることを決定したと明らかにした。

民主党政権は2010年1月の通常国会から、内閣法制局長官を政府特別補佐人に指名せず国会答弁を封じてきた。そこには「国会審議は国会議員だけで行なうべきだ」とする小沢一郎民主党幹事長（当時）の意向が強く働いた。

さて、1990年の湾岸危機に直面して、海部俊樹《かいふとしき》内閣は自衛隊の海外派遣を可能にする国連平和協力法案を国会に提出した。その際、内閣法制局が従来の憲法解釈との整合性から厳格な派遣条件を譲らなかったため、法案は廃案になった。自民党幹事長だった小沢は面目を失ったのである。

その後、新進党党首として臨んだ1997年10月の衆院予算委員会で、小沢は内閣法制局長官の答弁に「僭越だ」と強く反発した。自由党党首時代には、「憲法解釈で政治を縛るなど、官僚による政治への関与の最たるもの」だとして、2002年6月と翌年5月の2度にわたって内閣法制局を廃止する議員立法まで提出した。

政権交代後の2010年5月には、小沢の肝いりで国会法改正案が、民主、社民、国民新の三党による議員立法として提出された。国会法によれば「内閣は（中略）内閣法制局長官（中略）を政府特別補佐人として議院の会議又は委員会に出席させることができる」が、これを改めて、内閣法制局長官から政府特別補佐人に指名される資格すら奪うためであった。

ところが、菅直人内閣になって小沢が幹事長ポストを離れると、答弁復活を求める声が上がっていく。たとえば、2010年9月には北澤俊美《きたざわとしみ》防衛相がその旨発言している。昨年5月になると国会法改正案が取り下げられ、野田佳彦内閣下での昨年10月の臨時国会前にも、官邸は答弁復活に向けて動いた。

先の記者会見で藤村は、過去の法令解釈を説明するのは内閣法制局長官が「最もふさわしい」が、「政治主導で、もちろん解釈をいま改めてどうするというのは、これは政治主導でやるべきである」と述べている。

震災復興のため各省の事務次官を集めた各府省連絡会議は、昨年9月から毎週金曜日に定例化され、国政全般も扱うことになった。これは、民主党政権になって官僚主導の象徴だとして真っ先に廃止された事務次官会議の復活ではないか。当時こう問われた藤村は、「〔事務次官会議とは〕相当内容的に違う」と答えた。

いずれも政治主導の看板は降ろしていないといいたいのであろう。これこそ政権交代の大義名分であった。

『動物農場』は、非道な荘園領主に対して動物たちが革命を成功させるくだりからはじまる。しかし、動物政権のマニフェストである「七戒」は次々に現実と合わなくなる。「七戒」はそのたびに骨抜きにされ、革命の理想は遠のいていく。そして、政権幹部が豚か人間か見分けがつかなくなるところで物語は終わる。

眼帯を外すと、野田首相の顔が自民党然としたものになっているようで恐い。

LATER ON 私の所属する政治経済学部政治学科では、毎年4月に「新1年生に薦める文献一覧」を新入生に配布している。学科の全専任教員が新入生向けに3冊を選んで、その内容を短評したものをまとめたA４判で数頁のリストである。私はこの企画がはじまった2009年度からずっと、3冊のうちの1冊として『動物農場』を挙げている。2018年度版にはこう書いた。

「トランプ政権の誕生で、アメリカではオーウェルの『一九八四年』がベストセラーになった。同じ著者のこの本もぜひ読んでほしい。こちらのほうが短いし、「おとぎ話」というサブタイトルからわかるように、とても読みやすい。政治とはなにか、そのデモーニッシュな本質があますところなく描かれている。「動物農場」の憲法である「七戒」が、権力者の都合にいいように次々に骨抜きにされていく。この過程は、とても

「おとぎ話」とは思えない。1954年にアニメ化され、ジブリの提供でDVDも発売されている。ただ、結末が原作と異なるので、DVDだけみて済ませないように。」

岩永健吉郎編『政治学研究入門』(東大出版会、1984年)の冒頭には、「政治は40になって学べばよい」という言葉が紹介されている。政治がわかるまではそれ相応の人生経験が要るということだろう。それでも、私は若い人にも政治学入門の格好の書として『動物農場』を強く薦めたい。

2.24――#11

大阪の思想検閲アンケートは他人事ではない　ハシズムの足音はすぐそこまで来ている

「独裁権力とは猜疑心に蝕まれた重篤の病人である。自らの猜疑心を消し去るためには、その源を断たなくてはならない。つまり、反抗の芽をたえず摘み取らざるを得ない。そのために有効な手段となるのが検閲である」

亀山郁夫『大審問官スターリン』(小学館)にはこう説かれている。もちろん、橋下徹・大阪市長をスターリンになぞらえることはできまい。とはいえ、「有権者が選んだ人間に決定権を与える。それが選挙だと思います」「ある種の白紙委任なんですよ」などという彼の発言を読むと、やはり警戒心で肌が粟立ってしまう。ナチスの全権委任法を思い出すからだ。ナチスも選挙を通じて合法的に政権に就いたのである。

橋下市長は2月9日付の文書を通じて、全職員を対象に「労使関係に関する職員のアンケート調査」に乗り出した。その文書には「このアンケート調査は、任意の調査ではありません。市長の業務命令として、全職員に、真実を正確に回答していただくことを求めます。正確な回答がなされない場合には処分の対象となりえます」と記されている。

任意でないアンケートとは矛盾もはなはだしい。ちなみに、米国での「赤狩り」は、トルーマン大統領が1947年に発した行政命令第9835号にはじまる。その対象となった政府職員はすべて指紋を取られ、質問書に答えるよう指示された。大阪市役所でも「赤狩り」が展開されるのであろうか。

ハシズム的アンケートには指紋押捺こそないものの、氏名、職員番号、所属、職種などがまず書かせられる。その上で、組合活動や特定の政治家の応援活動への参加の有無、職場関係者からの投票要請の有無、さらには組合加入歴など22項目が尋ねられる。投票要請については「誘った人」「誘われた場所」まで質問されている。インターネットを通じた回答方式で、答えたくない項目をスキップしたくてもそれができない念の入れようである。

この思想検閲の必然的帰結というべきか、橋下は市立学校の教職員をも調査対象にしようとした。市教育委員らは対応を協議したところ、「内心の自由を侵す危険がある」などの異論（というより正論）が出されて、決定を先送りしている。

昨年11月の大阪市長選で、前市長支援のための大規模な職員リストが、職員労組名義で作成されていた問題が背景にある。

「大阪市役所の組合問題を解明するには、これくらいの調査が必要」と橋下は開き直る。そして、市が組合と一体で選挙にかかわってきたとされる体質の一掃を目指すのだという。

「権力が、個人の精神や内面の襞にいたるまで支配したいという邪な野心に囚われるとき、事態は悲劇的なものになる」と、冒頭で引いた本で亀山は続ける。次の総選挙では、橋下新党が既成政党全体に対する不満の受け皿となって、一挙に躍進しそうな気配である。橋下自身は国政への転身を否定するが、大阪府知事出馬も「2万％ない」といっていた。前言はわけなく反故にされよう。

事はもはや大阪にとどまらない。内心に土足で踏み込むことを躊躇しないハシズムの足音は、すぐそこに来ている。

LATER ON 「大阪府知事出馬」ではなく「大阪府知事選出馬」とすべきだった。#5のLATER ONにも書いたように、橋下大阪市長は2015年12月の市長任期満了により退任した。その後も隠然たる影響力を維新の党およびその後継政党に及ぼしつつも、政界には復帰していない。とはいえ「橋下待望論」はくすぶり続けている。彼のもつポピュリスト的なカリスマ性は依然として侮れない。ポピュリズムは「多数派にとって不都合な問題をすべて外部に原因があるとすることで、真の問題解決を避ける政治」と定義される（杉田敦『政治的思考』岩波新書、98頁）。

3.23——#12

議員歳費は真面目に政治活動すれば大半は消えてしまう 削減は政治の劣化に直結する

「国家公務員を減らすくらいなら、国会議員の歳費を削ればいいのに」。職場の送別パーティーで、定年退職する職員の方から言われた言葉である。消費増税法案の国会提出が大詰めを迎える中で、わかりやすい話ではある。センセイ方も身を切っているのだから、今回の消費増税はやむを得ないと納得する国民は確かにいるだろう。しかし、このやり方はあまりにも安易ではないか。歳費削減に私は賛成しかねる。

帝国議会開設当時は年俸制だったので、その名残で国会議員の給与は「歳費」とよばれる。国会法35条は「議員は、一般職の国家公務員の最高の給与額（中略）より少なくない歳費を受ける」と謳っている。そして、国会議員の歳費、旅費及び手当等に関する法律の1条で「議員は百二十九万四千円を（中略）歳費月額として受ける」と定められている。年2回の期末手当（ボーナス）を合わせると、年間歳費は2100万円あまり（税込）に達する。民主党の方針では、これを1人あたり年間300万円削減するという。

米国1357万円、ドイツ947万円、フランス877万円、英国802万円に比べると、日本の国会議員の給与は世界最高水準にある。加えて、職務手当に当たる非課税の「文書通信交通滞在費」が1人月額100万円（年1200万円）支給される。JR無料パスなど交通費の手当もある。となれば当然、「国会議員歳費　大幅削減で自ら範を示せ」（3月4日付『西日本新聞』社説）という主張が説得力をもってくる。

とはいえ、これらが丸々国会議員の懐に入るわけではない。実は政治活動への持ち出しで大半は消えてしまう。川田龍平参院議員は無所属時代にこう書いている。

「議員が何もしなければかなりの高給取りというわけですが、議員が国民のための政治活動を熱心にやればやるほど、この金額だけではとても足りません」「もっともかかるのは人件費ですが、そのほかにも事務所の家賃、コピー複合機のリース代、インターネットのHPの設置、維持管理費、印刷代、スタッフの交通費、調査へ行くときの旅費などがあります」（『誰も書けなかった国会議員の話』PHP新書）

若き日の江田五月衆院議員（当時）も「まじめに立法活動をすればするほど、金がかかる」とこぼした（『国会議員』講談社現代新書）。無所属議員やジバン・カバンがまだ不安定な当選回数の少ない議員にとって、歳費カットは政治活動の劣化に直結する。

歳費を削るのならば、議員の政治活動を支弁する職務手当を大幅に拡充してはどうだろう。ただし、それは現行の文書通信交通滞在費のように渡し切りにはしない。米国にならって、各議員に使途明細書の提出を義務づけ、支出の報告に基づき手当を支給する実費弁償方式を導入する（大山礼子著『国会学入門』三省堂）。ばらまきをやめ、政治活動に不熱心な議員には支出しない。その多寡は議員の政治活動の目印になる。

国会議員に対する手厚い待遇は、私腹を肥えさせるためではなく、富裕でない階層からでも国会議員が出られるようにするためだ。歳費削減によって、特定の階層からしか国会議員が輩出されない事態になれば、それは新たな封建制にほかなるまい。

LATER ON 手厚い待遇が保障されているのは地方議員も同じだ。「第二の報酬」として政務活動費が支給される。その不正取得を追及された兵庫県議が「号泣会見」して世間をあきれさせたのは、2014年7月のことだった。2016年には富山市会議員の政務活動費不正が発覚して、市議が次々に辞職に追い込まれ結局14人にも及んだ。その1人は「飲むのが好きで、誘われたら断れない性格」で一晩に何万円もかさむ飲み代の穴埋めに、白紙領収書の束を使って不正取得を繰り返した。

こうなると、政務活動費の問題というよりも議員の資質の問題ではないかと思えてくる。覚せい剤使用、児童買春、詐欺、傷害、銃刀法違反など地方議員による犯罪行為も頻発している。議員の質や専門性を担保するために、立候補に伴うリスクをできる限り低める制度的工夫がなされるべきではないか。積み上げてきたキャリアをなげうって立候補せざるをえない現状では、それに踏み切れる職種は限られる。

自民党は地方議員のなり手不足解消と称して、2011年に「特権的」として廃止された地方議員年金を事実上復活させる検討をはじめた。既得権を増やす方策では質の低い議員をのさばらせるだけだろう。結局、党内から異論が噴出して、通常国会への法案提出は2018年7月に断念された。

4.20——#13

最も清廉な官庁、裁判所にも談合疑惑あり「法服の王国」を治外法権にしてはならない

北朝鮮（朝鮮民主主義人民共和国）のミサイル発射をめぐるマスメディアの大騒ぎがようやく一段落した。次は陸山会事件をめぐる4月26日の判決だろう。報道合戦がまたぞろ過熱しそうだ。

ところで、裁判所といえば法服をまとった裁判官が厳かに判決を下す「聖地」だとイメージされるかもしれない。しかし、それは裁判所の一面にすぎない。2011年度の定員でみると、

裁判官は3656人なのに対して、それ以外の一般職の職員は2万2089人となっている。裁判官をその6倍もいるスーツ姿の職員が支えているのである。彼・彼女らの多くは司法行政、平たくいえば裁判所の管理・運営に従事している。

すなわち、裁判所もやはり行政官庁と同様の官僚組織なのだ。とすれば、裁判所だからといって他のお役所が抱える俗的病理から自由であるはずはなかろう。

『サンデー毎日』3月11日号と3月26日付『東京新聞』は、最高裁が実施したコンピューターシステム関連の一般競争入札で、落札率が異常に高いことを報じている。落札率とは予定価格に対する落札価格の割合をいう。それが90％を超えると、談合の疑いが濃いとされる。

たとえば、07年度から10年度途中までのシステム関連の落札状況をみると、落札率90％以上の案件が約8割に達している（『サンデー毎日』）。08年4月から10年10月までに限ると、事実上無競争の1社応札が8割近くあり、その大半が落札率90％以上になっていた（『東京新聞』）。落札率100％の案件も珍しくない。

最高裁の設定した予定価格が事前に業者側にリークされていたのではないか。当然こうした疑問が浮かび上がる。これに対して、最高裁は「調達は適正に行っており、落札率が高いという認識はない」「システムが特殊なため参加業者が少なくなる。現状ではやむを得ない」と反論している。

適正に入札が行なわれてその8割の落札率が9割を上回るとは、にわかに信じがたい。また、最高裁が求めるシステムは1社しか応札できないほど特殊なものなのか。いずれも資料に依拠した納得のいく説明が求められよう。

実は最高裁には「前科」がある。05年に最高裁が主催した「裁判員フォーラム」の企画競争で、参加した5社のうち3社の見積額が「3億4965万円」と9桁がぴたり一致していたのだ。5社の見積額も800万円程度しか離れていなかった。談合の可能性があると保阪展人衆院議員（当時）が国会で追及した。契約書作成前に事業を開始する「さかのぼり契約」の事実も明らかになった。これは皮肉にも最高裁の判例に自ら違反したことになる。

とはいえ、裁判所は最も清廉潔白な官庁に違いない。盆暮れに裁判官を一番煩わすのは、到来物を送り返すことなのだそうだ。さらに、最高裁事務総局が月2回発行する『裁判所時報』の10月か11月の号には、「年賀状、寒中見舞状、暑中見舞状等について、裁判所職員相互の間では、なるべくその交換をしないこと」を呼びかける最高裁通知が、毎年必ず掲載される。

それでも、「法服の王国」を治外法権にしてはいけない。外部からのチェックが必要なのは、ふつうの役所と全く同じである。

LATER ON　2017年7月に仕事で松江に行った。そのついでに、広島高裁松江支部・松江地裁・松江家裁などが入った庁舎で裁判を傍聴した。法廷の入り口に事件名と担当裁判官名が記された掲示物があったので、スマホで撮影した。すると職員から裁判所内では撮影は禁止であると注意を受けて、撮った写真を消去させられた。法廷内ならまだしも、法廷外の廊下でもまかりならんというわけだ。いかなる合理的理由があるのだろうか。裁判所の治外法権的体質を肌で感じた。開かれた裁判所になることに何を恐れているのか。

5.25——#14

野田政権の法案修正率69%超
野党合意を重視し対決型から
協調型へ変わった二大政党制

5月17日の衆院社会保障と税の一体改革特別委員会で、野田佳彦首相は「国益を考え、与野党が胸襟を開いて成案を得ることがきわめて大事だ」と、法案成立に野党側の協力を求めた。ねじれ国会の下、首相が野党に頭を下げるのも板についてきた。

そもそも「ねじれ」とはどういう意味か。国語辞典を引くと、「本来の関係からずれた状態」と出ている。とすれば、ねじれ国会とは国会の例外的な、あるべきではない状態ということになろう。「ねじれ国会」という言葉自体は、1989年7月30日付『朝日新聞』社説で用いられたのが最初らしい。同社説は「与野党の勢力比が衆院と参院では異なる〝ねじれ国会〟の攻防は、複雑な展開となりそうだ」と書いた。

しかし、この「本来」から逸脱した国会の状態は、1993年8月の細川護熙《もりひろ》政権成立まで

4年1カ月も続く。その後も1998年、2007年、そして2010年の各参院選の結果、ねじれ国会となった。ねじれ解消に要した期間は、それぞれ1年3カ月（自自公連立）、2年1カ月（政権交代）、3年（来夏の同日選の場合）である。

これらを合計すれば、1989年7月から来夏までの24年間におけるねじれ国会の時代は、実に10年5カ月にも及ぶ。つまり、ねじれ国会は例外的事態ではない。現行の二院制をとる以上、必然的に生じうる国会のあり方なのだ。55年体制成立以前には、ねじれ国会はむしろ常態化していた。あの吉田茂首相でさえ、参院野党の緑風会の「がんこじじい」議員に相当手を焼いたという。

ところで、5月13日に開かれた今年度の日本法社会学会学術大会に参加してきた。武蔵勝宏・同志社大学教授（立法政策論）の報告「政権交代後の立法過程の変容」が印象的だった。武蔵教授によれば、国会審議パターンは鳩山由紀夫政権の多数決主義型から、野田政権のコンセンサス型へと大きく変わった。言い換えれば、対決型二大政党制から協調型二大政党制へと、政党システムは様変わりしたのである。それは成立した法案の修正率に顕著に表れている。鳩山政権のそれは8・7%にすぎなかったのに対して、菅直人政権では26・7%となり、さらに野田政権（昨年の臨時国会まで）に至っては69・2%にはね上がった。

この比率の高さから、国会審議を通じて野党の要求を容れた合意形成を野田政権が重視していることがよくわかる。現在開会中の通常国会でも、児童手当改正法案、国家公務員給与法改正案、福島復興再生特措法案、沖縄振興特措法案などが、民自公の3党共同修正で成立している。原子力規制庁を設置する法案は、政権が自公案を丸のみするようだ。

報告の最後で、武蔵教授は「憲法が二院制を採用し、参議院による衆議院に対する抑制を求めているとするならば、公選制で選ばれた参院多数派の野党が対案や修正案を通して政策を実現することも民意の表れとして過小評価すべきではない」と指摘した。

確かに、直近の民意を尊重するのは当然である。野党と「胸襟を開いて」交渉し、ねじれ国会を円滑に運営する新たな慣習をいかにつくれるか。とりわけ予算関連法案については待ったなしだ。野田政権はまさに正念場を迎えている。

LATER ON　2012年の総選挙で返り咲いた安倍首相は、翌年の参院選で大勝してねじれ国会を解消した。その後も国政選挙のすべてに勝利し、安倍一強体制は盤石にみえる。最大の危機と思われたモリカケ問題も蹴散らしてしまった。健康問題以外に9月の総裁選での3選を阻む不安定要因もみつからない。「拉致問題を追い風にして総理大臣にまで上り詰めた」（蓮池透（2015）『拉致被害者たちを見殺しにした安倍晋三と冷血な面々』講談社、52頁）世襲議員が、歴史に名を刻む大宰相になろうとしている。ただ、蓮池氏によれば、2002年の小泉訪朝に同行した安倍官房副長官（当時）は、「実は平壌で日本人奪還を主張したわけではない。（略）弟を筆頭に拉致被害者たちが北朝鮮に戻ることを拒むようになったのを見て、まさにその流れに乗ったのだ。そうして自分の政治的パワーを増大させようとしたとしか思えない」（同53頁）。

6.22――#15

政治家の個人情報が「折も折」暴露される「国策リーク」これで政治が動いていいのか

　今月14日発売の大手週刊誌が、民主党のある衆院議員の不倫疑惑を報じている。この記事は「折も折」という見出しで始まる。そして、「××代議士の地元で、主婦を中心とした女性票が離れることは必至。／不倫の代償が今後、重く圧《の》し掛かるのは間違いない」と結論づける。一方、交際相手とされたキャリア官僚は「身辺が騒がしくなり、職責を十分に果たせない」との理由で、管理職ポストをはずされた。

　今回の件に限らず、政治的争点とはおよそ無関係な、政治家の私生活や過去を洗い立てる報道が繰り返されてきた。「小沢ガールズ」と言われたこの議員は、3年前に初当選した時も「餌食」になっている。あるいは、橋下徹大阪市長の場合、昨年11月の大阪ダブル選を前に、その出自が週刊誌などでこれでもかとセンセーショナルに暴かれた。「自分自身も知らなかった事実がいっぱいあっ」たというから、メディアフレンジー（狂乱）もきわまれりだ。気の毒としか言いようがない。

これに対して、橋下氏は彼らしく反撃に出た（昨年11月2日のツイート。△△と▲▲には週刊誌名が入る）。「バカ△△やバカ▲▲は権力の何をチェックしたって言うんだ！僕の生い立ちは結構。しかし、僕のはるか昔に死んだ実父の出自、行状、死亡経緯は僕の何のチェックに役立つんだ？僕は実父に育てられたわけではない。僕の苛烈な言動は、その実父の何に源泉があると言うんだ？」

以前に、私は当コラムで橋下氏の政治手法を強く批判したことがある。しかし、彼のこのツイートには、言葉遣いの乱暴さを除けば、完全に同意する。くだんの疑惑報道も彼女の「権力の何をチェックした」のだろうか。

マスゴミ、もといマスコミは第四の権力（原語はFourth Estate；「第四階級」）と称され、権力から独立し権力を批判することを期待されている。それを指して社会の木鐸《ぼくたく》とは美しい響きである。ただ、そのことと政治家の個人情報を暴露することとは、やはり次元を異にしていると考えざるを得ない。

にもかかわらず、政治家の私生活が大きなニュースバリューをもつかのように報道されると、両者の境界線があいまいになる。その結果、後者に属する政治的に些末《さまつ》なスキャンダルが前者の部類に入るものと誤読されかねない。あるいは、真に重要な政治的争点が、政治家のイメージやパーソナリティという属人的な次元でとらえられてしまう。

さらに警戒すべきなのは、「闇権力の執行人」がこの状況を逆手に取ることだ。彼らは常にマスコミを操縦し世論を誘導したいという欲望に駆られている。世論の反対が強い政治的争点を抱えているときは、なおさらだろう。そこで人びとが飛びつきそうな政治家の暴露ネタを「折も折」リークする。国策捜査ならぬ国策リークである。世論の関心がそちらにそれれば、「闇権力の執行人」の思うつぼとなる。ただ、これによりローメーカーたる政治家の評価が、政策とは無縁な彼らの身辺雑記で決まってしまっていいのか。

ちなみに、同じ14日に発売された別の大手週刊誌は、小沢一郎衆院議員にまつわる「離縁状」騒動を大きく取り上げている。この奇妙な符合。よもや政局がらみの謀略ではあるまい。

LATER ON 「文春砲」という言葉までできた。私も思わず毎週木曜日には新聞の広告欄で『週刊文春』と『週刊新潮』の広告をチェックしてしまう。2018年1月には、『週刊文春』に自らの不倫を報じられた音楽家の小室哲哉氏が引退に追い込まれた。さすがにこの「文春砲」は、彼のファンなど多くの人びとからのバッシングを浴びることになった。これに関連して、舛添要一前東京都知事は「誰がなんと言おうと、私は「文春砲」が許せない」なる「怒りの手記」を発表した（https://ironna.jp/theme/874）。周知のとおり、彼は2016年5月に「文春砲」の餌食となり、同年6月に都知事を辞職させられた。その舛添氏は「週刊誌記事が大マスコミ以上に世の中を動かす時代になり、全国紙もテレビもその後追いに走るという奇妙な状況になってしまった」と嘆く。この状況は、2018年4月の『週刊新潮』による財務事務次官に関する報道や『週刊文春』による新潟県知事についての記事でまさに裏書きされた。そして、手記は「「法律の定める手続き」ではなく、週刊誌が創り出す空気や世論によって断罪されるとすれば、日本は法治国家の資格がない」と結ばれる。「空気を読め」という「同調圧力」ほど、抗いがたい陰湿さをもつものはない。

6.29――#15.5

小沢「壊体劇場」の既視感

この既視感はなんなのだ。小沢一郎元民主党代表は6月21日、都内で開かれたグループ会合で、消費増税法案の採決に関連して、「次善の策として、民主党の外に出ることも考えておかなければならない」と述べた。また壊すのか。

小沢の「政界壊体」歴を整理してみよう（次頁の表参照）。

「失われた20年」の政治の中心にいて、壊しまくってきた。

野田佳彦内閣発足当初は、輿石東参院議員を幹事長に据えた「配慮」をみて、「野田はなかなかやるなあ」と首相を評価していた。しかし、案の定、1年も経たないうちに「壊し屋」の本性が抑えきれなくなったようだ。「マニフェスト違反」「国民の生活が第一」などいくらでも理屈は立つ。しかし、その本音は自身の存在感の誇示にほかなるまい。

そもそも、政府や党の役職に就いていない一衆院議員に、首相が2回も個別会談に応じたこと自体が異常だ。「自分は首相より上なのだ」と小沢は優越感に浸ったのだろうか。私はこの三文芝居じみた特別扱いに嫌悪感しか抱かなかったが。

ところで、小沢は2006年4月の民主党両院議員総会で第6代代表に選出された。投票前の政見演説では、「変わらずに生き残るためには、変わらなければならない」というイタリア映画『山猫』のせりふを引用した。その上で「まず、私自身が変わらなければなりません」と殊勝にも述べたのである。

しかし、壊し屋の「病い」は救いようもなく変わらなかった。小沢と因縁浅からぬ海部俊樹元首相は「あの性癖は、死ぬまで治らないのではないか」と喝破する。左の

1992・10（竹下派）	派中派として「改革フォーラム 21」を結成。同年12 月には竹下派を離脱し、羽田派を旗揚げ。
1993・6（宮澤内閣と 55 年体制）	羽田派が内閣不信任案に賛成し、解散総選挙へ。羽田派は離党し新生党を結成。総選挙後、細川非自民連立政権が成立、55 年体制崩壊。
1998・1（新進党）	前年 12 月の党首選で小沢は再選されるが、加速する新進党離れから純化路線を選択し分党、自由党結成へ。
2000・4（小渕内閣）	自自公政権での自由党の存在感浮揚を狙って、党首会談で連立離脱を切り札に党の要求実現を迫るが小渕は拒否、翌日小渕は脳梗塞で倒れる。連立残留派は保守党を結成し自由党は分裂。
2011・6（菅内閣）	内閣不信任案に賛成する構えをみせ、採決直前に菅から退陣の意向を引き出し「兵を引く」。
2012・6（野田内閣）	消費増税法案に反対を表明。政権が方針を変えなければ離党も辞さないと発言。

一覧で小沢「壊体劇場」の休演時期は、代表や幹事長など党の要職にあって「病い」は潜伏していただけだ。

自民党幹事長室に30年間勤めた奥島貞雄は自著の中で、仕えた幹事長22人のうちワーストワンには「躊躇なく」小沢を挙げている。47歳で就任した若き幹事長の行動たるや……。そして奥島は「周囲はどれだけ彼の破壊者としての本質に気がついているのだろうか」と警告する。

繰り返すが、彼の主張はその「破壊活動」を正当化する方便でしかない。その本質をまず認識すべきだろう。『山猫』のような名画なら別だが、同じシーンはもうみたくない。

LATER ON この文章は横書き2段組で掲載された。再録にあたって、「小沢の「政界壊体」歴」を表に直した。なので、本文中の「(次頁の表参照)」は今回補記した。表の年月表記のあとの（ ）内は小沢氏の「壊体」対象とされたものである。

7.20——#16

いくら首相がやる気満々でも内閣法制局の憲法解釈は不変 集団的自衛権は認められない

集団的自衛権をめぐる議論がまたにぎやかになりそうだ。自民党は7月6日の総務会で、国家安全保障基本法案の概要を了承した。その2条2項4号には「国連憲章で認められた自衛権の行使は必要最小限度とする」とある。

国連憲章51条は「この憲章のいかなる規定も、国際連合加盟国に対して武力攻撃が発生した場合には〔中略〕個別的又は集団的自衛の固有の権利を害するものではない」と謳っている。

それゆえ、先の文言は限定的ながら集団的自衛権の行使を容認したことを意味する。この法案は次の総選挙後に国会提出されるという。

同じ7月6日に、政府の国家戦略会議のフロンティア分科会が野田佳彦首相に報告書を提出した。そこには「集団的自衛権に関する解釈など旧来の制度慣行の見直し等を通じて、安全保障協力手段の拡充を図る」（22頁）と主張されている。首相は報告書の「考え方を日本再生戦略の中に存分に反映させたい」と述べた。「日本再生戦略」とは、この夏にまとめられる首相の政権運営の指針である。

さらに、9日の衆院予算委員会で解釈見直しを質《ただ》された首相は、「政府内での議論も詰めていきたい」と応じて自民党内の議論と歩調を合わせた。首相は3年前の自著『民主の敵』（新潮新書）の中で、集団的自衛権の行使を「原則としては、やはり認めるべきだと思います」（134頁）と書いている。いよいよ憲法解釈の重大な変更が日程にのぼるのだろうか。

首相の前のめりを、橋下徹大阪市長が「首相はすごい」と持ち上げているのも不気味だ。

そもそも、なぜ集団的自衛権の行使は認められないのか。政府の法律顧問である内閣法制局が、以下のように解釈してきたためである。

憲法9条も国家の自衛権までは否定せず、従って自衛力の保有も「自衛のための必要最小限度の実力」であれば禁じていない。ただ、「実力」を行使できるのは、次の3要件がそろった場合に限られる。

①わが国に対する急迫不正の侵害がある。②国民の生命安全を守るため実力行使以外の手段がない。③その措置が侵害を排除する必要最小限度のもので、つり合いがとれている。

そこで、日本に許されるのは個別的自衛権の行使のみとなる。集団的自衛権の行使は、自国が直接攻撃されていないという点で、①の要件を満たしていない。一方、日本も国連加盟国であるから上記の国連憲章を承認している。つまり、国際法上は集団的自衛権を保有しているが、憲法上その行使はできないのである。

とはいえ、時代が変わればこの解釈も変更できるのではないか。どっこい、そうはいかないのだ。内閣法制局の憲法解釈は条文の論理的な追求の結果であって、時代や政治状況に左右されない。代々の内閣法制局長官は、内閣が変わっても解釈は変わらないと述べてきた。「戦後六十年の議論の積み重ねを一つの内閣が無にすれば、憲法に対する信頼性が根っこから揺らぎます」（阪《さか》田《た》雅裕《まさひろ》長官＝当時）という信念が彼らにはある。

憲法の条文やそこから論理的に導き出された解釈は、権力を縛るためのものである。政権の都合で解釈が変えられるのなら、それは法治国家の根幹を危うくし近隣諸国の信用も失う。内閣法制局が解釈を変更することはありえない。

LATER ON この文章をいま読むとむなしさがこみあげてくる。翌2013年8月に安倍首相は、それまでの慣例を破って内閣法制局長官に外部から首相肝いりの人物を抜擢した。小松一郎駐仏大使である。幹部は辞表をたたきつけるのではないかと淡い「期待」を抱いたが、内閣法制局はあっけなく陥落した。「官僚は人事がすべて」を痛感させられた。

8.24——#17

取るか取られるか、一か〇かでは領土問題は解決しない 50-50という解決策はどうか

ロンドンオリンピックの「ニッポン、ニッポン」の大合唱がようやく終わったと思ったら、今度は領土問題の急浮上である。過熱するナショナリズムにうんざりする夏休みになった。

ナショナリズム研究で著名なアーネスト・ゲルナーによれば、「ナショナリズムとは、第一義的には、政治的な単位と民族的な単位とが一致しなければならないと主張する一つの政治的原理である」という。言い換えれば、一致するはずのない「政治的な単位」と「民族的な単

位」が、あたかも一致するかのように「民族的な単位」に思わせるイデオロギーが、ナショナリズムなのである。

こうして「民族的な単位」は「国民」となる。そこでは、「政治的な単位」である国家は、「学校や軍隊や工場や宗教や文学や、その他あらゆる制度や国家装置を通じて、究極的には国家の原理を体現した国民という改造人間を作り上げる」(西川長夫著『国民国家論の射程〜あるいは「国民」という怪物について』柏書房)。

国家によって人為的に国民にさせられた人々が、国旗を打ち振り絶海の孤島に出かけていく様は、実は滑稽でしかない。

ともあれ、領土問題の解決が困難なのは、妥協の余地がきわめて少ないからだ。自分たちが取るか相手に取られるかしかない。1か0なのだ。歴史を遡って自分たちの領有の正当性を証明しても、相手側も同様の理論武装をしてくるからあまり説得力をもたない。

もちろん、武力制圧すれば抜本的解決になる。とはいえ、竹島(韓国名・独島)にせよ北方領土(ロシア名・南クリル諸島)にせよ、そんなことができるはずはない。国際司法裁判所へ提訴する手もあるが、当事者双方の同意がないと裁判が成立しない(竹島問題をめぐる日本の提訴に韓国は同意しないとのことだが、尖閣諸島問題で中国が日本を提訴した場合、日本はどう対応するのだろうか)。

さらに領土問題の解決を難しくするのが、改造人間たる国民の存在である。他の外交交渉事と違って単純でわかりやすく、国民はすぐに熱狂する。政治家同士では妥協したくても国民がそれを許さない。あるいは政治家がこれを利用する。国内問題の処理に行き詰まって不人気にあえぐ為政者が、国民の目を外にそらすため領土問題に訴えるのは、常套手段でさえある。

古くは、1982年にアルゼンチンが英領フォークランド（アルゼンチン名・マルビナス）諸島に侵攻したのは、その典型例だろう。韓国・李明博大統領の今回の「過激な」言動にも同じ意図が感じられる。任期末期で低迷していた支持率は、竹島上陸後25・7％から34・7％へ跳ね上がった。

一方、中国は各地で繰り広げられる反日デモの盛り上がりを憂慮していよう。五星紅旗に加えて毛沢東の写真を掲げてデモをする民衆に、中国当局は本能的に危険を察知しているはずだ。いつしか民衆の感情の矛先は、毛沢東が目指した人民中国とはかけ離れた今日のあり方に向かうのではないかと。

所詮われわれは改造人間なのだ。それを冷静に自覚して、「赤勝て白勝て」的な発想を超えた新しいパラダイムから、現実的な解決策を追求しよう。たとえば、係争地を両国で折半する「フィフティ・フィフティ」方式は、十分研究に値すると考える。

9.28——#18

日本は昔「憂国無罪」だった
それが軍部増長と戦争を招く
中国はこの前車の轍を踏むな

連合の古賀伸明会長は、9月20日付で野田佳彦首相に宛てて「中国における連合組合員および家族の安全確保に関する要請」なる文書を提出した。日本政府による尖閣諸島（中国名・釣魚島）国有化に端を発した中国での反日デモの行状は、目を覆わんばかりだった。連合傘下の日系工場にとどまらず、日系のスーパーやデパート、さらには日本料理店にまで被害は及んだ。テレビ映像をみる限り、一部の暴徒化した人々はガラス破損、器物損壊、さらには略奪と暴れたい放題であった。

彼らの言う愛国無罪とは、なんと得手勝手な理屈だろう。「中国は法治国家であり、外資系企業の合法的な権利は守られる」（潘丹陽・中国商務省報道官の9月19日の定例記者会見における発言）。もし本気でこう思っているのなら、中国政府は加害者を中国の法律に基づいて厳正に処罰し、彼らに損害賠償させるべきだ。

法律をゆるがせにする文化がはびこると、どうなるか。

1928年、中国東北部の軍閥の首領・張作霖が、関東軍高級参謀河本大作大佐の謀略によって列車もろとも爆殺された。河本はじめ関係者を軍法会議にかけるべきところ、陸軍上層部はメンツにこだわり河本らを不起訴処分にした。政府・与党政友会も真相を隠し、責任はうやむやにされた。首謀者の河本は翌年に停職、翌々年には予備役となったにすぎなかった。

1932年の五・一五事件では、関与した陸・海軍の青年将校たちは軍法会議にかけられた。それでも、言い渡された判決は「寛大な」ものだった。陸軍軍法会議は首相官邸を襲撃した後《ご》藤映範《とうえいはん》ら11名を禁錮4年とした。海軍軍法会議では、犬養毅首相を射殺した三上卓《みかみたく》ら3人に死刑求刑を主張した海軍省法務局長が、辞職を余儀なくされた。結局、三上は禁錮15年の刑に処せられたものの、1938年には仮出獄している。

法が枉《ま》げられた背景には、被告たちの法廷闘争や青年将校団の声援もさることながら、新聞も世論も「憂国の情をくむべし」と沸騰したのが大きかった。陸軍軍法会議には、各地から35万通もの減刑嘆願書が舞い込んだという。愛国無罪ならぬ憂国無罪である。だがこれは高くついた。

「軍法会議の職業軍人に対する威力は、河本事件につづくこの処理でさらに低下し、職業軍人たちは軍法会議を全くおそれなくなった」（花園一郎『軍法会議』新人物往来社、六四頁）

彼らの法規無視や暴走はエスカレートし、1936年の二・二六事件に至る。さすがに将校17人、民間右翼2人が死刑となった。ただ、彼らの指導的立場にあった真崎甚三郎大将は無罪とされた。そして軍部はますます増長していく。

翌年の盧溝橋事件が発火点となって、日中は全面戦争へ突入する。中国大陸における日本軍の無法ぶりたるや。「至ル所強姦ヲ恣《ほしいまま》ニシ掠奪ヲ敢テシ放火ヲ悪事ト認メズ実ニ皇軍トシテ恥ズベキコト言語ニ絶ス」（小川関治郎『ある軍法務官の日記』みすず書房、五九頁）。これも上述の軍部における法意識の形成と無関係ではあるまい。

中国憲法序言には、「中国各民族人民は、輝かしい文化を共同して創造し」と謳われている。その文化には法文化も含まれるのだろう。ゆめゆめ「小日本」と同じ愚を繰り返されませんように。

LATER ON 「恣」に付された「ほしいまま」のルビは引用元の小川著にはなく、『週刊金曜日』編集部が追記したものである。

さて、2018年3月に中国の全国人民代表大会（全人代）は憲法改正案を可決した。これにより、第79条にあった国家主席と国家副主席の任期についての規定が削除された。この全人代が開幕する直前に、ドキュメンタリー映画『すごいぞ、わが国』の上映がはじまった。習近平国家主席とその指導下での中国の発展を礼讃する映画である。たちまち「大ヒット」し、売り上げは中国製作のドキュメンタリー映画のうちで過去最高に達したという。派手な国威発揚の一方で、中国社会の亀裂は深刻の度を増している。その社会的ストレスは再び「愛国無罪」となって暴発しかねない。

10.19——#19

閣議と閣僚懇談会だけでなく事務次官会議に代わる各府省連絡会議の議事録も作成を

あれからもう8年が過ぎたのか。野田佳彦政権が閣議と閣僚懇談会の議事録を作成し、原則30年後に公開する方針を決めた。その記事を読みながら、私は当時受け取った「行政文書不開示決定通知書」を思い出した。

民主党が政権を取って最初に着手したのが、事務次官会議の廃止であった。定例閣議は毎週火曜日と金曜日に開催される。毎週その前日に事務次官会議が開かれ、翌日の閣議にかける法案の最終確認がなされていた。この事務次官会議に法的根拠はなく、明治時代からの慣例にすぎない。ただ、ここを通らなければ、法案は閣議に上がらない手続慣行になっていた。

菅直人氏は野党時代の民主党代表のときに書いた『大臣』（岩波新書）の中で、「すべての事務次官が（中略）拒否権をもっているのが、いまの事務次官会議のやり方なのだ。このため、国益よりも省益を優先し、官僚が自分の省の利益に反することは、閣議にかける前につぶせることになっている」と憤っている（34頁）。

事務次官会議こそ官主導を担保する魔法じかけというわけだ。ならばその玉手箱をこじ開けようと、私は2004年8月に行政機関情報公開法に基づく行政文書開示請求書を内閣官房に郵送した。その年の5月と6月の事務次官会議の議事録を開示請求したのである。

ところが9月になって、先に述べた不開示の通知書が届いた。その理由は「開示請求に係る行政文書は、作成しておらず、保有していないため」となっていた。国の政策決定上不可欠の会議で、議事録が作成されてこなかったとは。そこで何が議論されたのか事後的に検証しようにも、裏付ける資料がないのだ。「由らしむべし知らしむべからず」という官の文化の伝統が今日まで営々と受け継がれて、誰もそこに疑問を抱かなかったということか。

また先の書の中で菅氏は、「閣議には議事録もない。これは明治からの慣例だという。(中略)閣議で誰が何と発言したということについては、外部には漏らしてはいけないことになっている。秘密会なのである」と述べている(30頁)。秘密会は結構だが、内容を記録に収めてしかるべき時間が経過したら公開するのが歴史への責任だろう。

中曽根康弘元首相は「政治家は達成した現実だけが著作であり、作品なのです。(中略)政治家の人生は、その成し得た結果を歴史という法廷において裁かれることでのみ、評価されるのです」と記している(『自省録』新潮社、16頁)。裁判には客観的証拠が必要である。しかるに、歴史法廷が「心証形成」するに足る証拠が残されてこなかった。これは民主国家として恥ずべき事態ではないか。

一方、米国ではホワイトハウスでの政策決定や協議内容などの記録は、「大統領記録」としてすべて保全する義務がある。電子メールも含めてだ。こうして歴史法廷の裁きに備えている。

その精神はDemocracy starts here.（民主主義はここにはじまる）である。

今回、法的根拠のない閣僚懇談会の議事録も作成することにしたという。ならば、事務次官会議に代わって定例化されている各府省連絡会議の議事録もつくってほしい。そうすれば、「野田政権も一つだけいいことをした」と歴史法廷で讃えられよう。

LATER ON 「由らしむべし知らしむべからず」の官の文化、言い換えれば公文書を軽んずる行政文化がいかに根強く霞が関にはびこっているか。２０１８年３月に発覚した財務省の決裁文書改ざん事件はそれを如実にさらした。ちなみに、本文にある各府省連絡会議は自民党政権になって次官連絡会議と名称を変えて、毎週金曜日の閣議後に開かれている。その議事録は作成されていないという（２０１８年４月27日・内閣府に電話確認）。

11.16――#20
内閣総理大臣その他の大臣は〔　〕でなければならない〔　〕内は何がいいでしょう？

ある中学校の社会の定期試験で、次のような空所補充問題が出された。「日本国憲法66条2項　内閣総理大臣その他の国務大臣は、〔　〕でなければならない。」ケッサクな誤答に「英雄」があったという。実際の憲法制定過程では、ここに入る「シビリアン」の訳語に「凡人」を充てようとする案も浮上した。

私は英雄待望論は好きではないし、政治指導者には英雄タイプよりも凡人タイプのほうが望ましいとさえ考えている。国の舵取りを英雄の資質に委ねるのではなく、たとえ凡人指導者であっても針路を誤らない政治が行なえるよう、制度を整えるべきなのだ。

英雄タイプの首相としては、中曽根康弘と小泉純一郎がすぐに連想される。鳩山由紀夫や菅直人もこの部類に入ろう。一方、凡人タイプには「アーウー宰相」大平正芳や「冷めたピザ」の小渕恵三が当たるのではないか。「どじょう宰相」を自称する野田佳彦も同類に違いない。主義主張は別にして、私は彼らに人間的な親近感を覚える。

ただ気がかりなのは、凡人宰相がいずれも悲劇的な最期を迎えていることだ。1979年の自民党内の熾烈な40日抗争をしのいで政権を維持した大平には、翌年夏の衆参同日選を戦いきる体力は残っていなかった。選挙戦さなかの6月12日に彼は急死する。これは五・一五事件で暗殺された犬養毅首相以来となる現職首相の死であった。

「真空総理」とも揶揄《やゆ》された小渕の場合は、1999年10月に自民、自由、公明による三党連立内閣を発足させ、長期政権も視野に収めたかにみられた。ところが、政権運営をめぐって自由党の小沢一郎党首が反発を強めていく。翌年4月1日夜に開かれた3党党首会談で、小渕は自ら希望して小沢とサシの話し合いをもったが、それも不調に終わった。自由党は連立を離脱する。

押しつぶされそうなストレスにさらされた小渕は、その日の記者会見でしばらく言葉を発せられなかった。ついに翌日未明に脳梗塞で倒れてしまう。ろれつが回らない、言葉が出ないなどは脳梗塞の症状なのである。政権は森喜朗に引き継がれ、5月14日に小渕は不帰の人となる。

ろれつが回らないといえば、野田首相は11月1日と2日の国会答弁で2回その失態を演じた。ラオス訪問中の5日に、首相は同行記者団に「言いにくかった。体調は関係ない。万全だ」と語っている。とはいえ、政治家の体調ほど当てにならないものはない。

「近いうち」と表明した解散時期をめぐって、野党やマスメディアばかりか、与党や政権内からも首相の専権事項を逆なでするような発言が相次いでいる。このような重大な決断を抱えながらも、国会審議や外遊日程、その他様々な公務をこなさなければならない。首相在職中の睡眠時間は平均5時間くらいだったと細川護熙は書いている（『内訟録』日本経済新聞出版社）。野田首相も似たようなものだろう。慢性睡眠不足の首相にのしかかる重圧たるや、大平や小渕が経験したそれに勝るとも劣るまい。

首相はいよいよ年内解散の腹を固めた。体調不良から政権を放り出したのに英雄気取りで復帰した野党総裁とは違って、この凡人宰相にはあと数カ月の「任期」を全うしてほしい。

LATER ON ゲラへの赤入れが珍しく反映されずに校了となってしまった。当時の情勢の緊迫から、私は最終段落を次のとおり直すよう指示していた（傍線部分）。

「首相はいよいよ年内解散の腹を固めた。体調不良から政権を放り出した英雄気取りの野党総裁とは違って、この凡人宰相には選挙戦を戦いきって「任期」を全うしてほしい。」

年内解散の意思を首相が固め、そうなれば野田政権の年内退陣が当然予想されたからである。「数か月の「任期」」などありえなかった。

12.14――#21

最高裁裁判官国民審査は確かに形式的だが民主的な司法を支える重要な制度だ

いささか宣伝めくが、今年の正月は拙著『最高裁裁判官国民審査の実証的研究』(五月書房)の校正に追われていた。もし刊行前に総選挙・国民審査となれば内容が陳腐化してしまうと校了を急いだのだ。結局、野田佳彦首相の「英断」で師走の総選挙・国民審査に落ち着いた。

国民審査は憲法79条に規定されている重い制度である。とはいえその廃止論が常に唱えられてきた。あんな形式的なものはムダだからやめてしまえと主張されるのは当然だろう。しかし私は前掲拙著で述べたように、この制度は維持すべきだと考えている。ただ、投票方式を改めて審査をより実質化させる必要はあるが。

なぜ国民審査制度を私は擁護するのか。三権のうち立法権については、国民が国会議員を選挙で選ぶ。行政権の長である首相は、国民から選ばれた国会議員が選挙し、閣僚もほとんどが国会議員である。つまりいずれも民主的正当性が担保されている。そして、司法権の場合、15人の最高裁判官に対してそれを付与する回路が国民審査制度なのである。

また、最高裁には憲法81条に基づき違憲立法審査権が認められている。「正当に選挙された国会における代表者」が決めた法律を、最高裁は違憲として無効にすることができるのだ。ならば、その独走を抑える手立てを主権者たる国民に留保しておくことは、至当な制度設計ではないか。

投票方式はやめさせたい裁判官の氏名の上に×印をつける。さもなければ何も記載しない。棄権したければ投票所で投票用紙を受け取らない、あるいは返却すればよい。公的な判断材料としては、選挙公報とともに届けられる国民審査公報がある。もとよりウェブ上には、今回審査に付される10人の裁判官についてさまざまな情報が上がっている。

最近の最高裁判決でも参考になるものがあった。国家公務員が休日に政党機関紙を戸別配布したことが刑事罰に問えるか、これを争った2つの国家公務員法違反事件である。二審の判断は無罪と有罪に分かれた。両事件の上告審判決で、最高裁第二小法廷は12月7日、いずれも上告を棄却した。すなわち、正反対の2つの高裁判決が確定することになる。この判決は裁判官4人のうち3人の多数意見であった。残る1人は「勤務外の配布行為は一律に規制の対象外とすべきだ」として、2件とも無罪の反対意見を書いた。

おそらく、今回も×票が無記入票を上回って罷免される裁判官はいないだろう。だが、当の裁判官たちは×票の数を私たちが思う以上に注視している。飯村義美元最高裁判事の回想によれば、「一緒に審査を受けた裁判官同士で雑談したときの話では、だれも罷免されることはありえないと思っていた。ただ、×印の数が、他の裁判官に比べて多いか少ないか気にしていた」という（朝日新聞裁判班編『法学セミナー増刊　日本の裁判』日本評論社、153頁）。

結果がわかっているからといって、制度がムダだとは限らない。国民審査は国民に最高裁の存在を思い起こさせ、審査される裁判官には×票にこめられた民意から自省を迫る大きなきっかけになる。民主的な司法を支える国民審査制度は、もっと評価されてよい。投票日には国民審査もお忘れなく！

LATER ON ２０１２年以降今日まで、国民審査は3回行われている。合計22名の最高裁裁判官が審査された。このうち最も特徴的なのは、２０１２年の国民審査で岡部喜代子裁判官に顕著に多い「×」が付いたことである。最高裁裁判官15人のうち1人には必ず学者が起用される。岡部裁判官はその枠で最高裁入りした。しかし、その任命が明らかになると、学者枠にふさわしい業績をあげていないとして「辞退すべきではなかったか」とまで批判された。また、２０１７年の国民審査では、木澤克之裁判官への「×」が相対的にやや多かった。木澤裁判官には加計学園の監事を務めた経歴があった。この２人は我が身を振り返ったことだろう。有権者はよくみていると感心した。

2013 政治時評

1.1 復興特別所得税導入（2037 年まで）
2.25 朴槿恵が韓国大統領に就任
3.19 日本銀行の白川方明総裁が辞任
4.15 ボストン・マラソン爆弾テロ事件
4.19 インターネット選挙運動を解禁する改正公職選挙法が成立
6.23 東京都議会議員選挙で自民党が圧勝、第 1 党の民主党は第 4 党に転落
7.21 第 23 回参議院議員通常選挙で、与党の自民・公明両党が勝利し「ねじれ国会」を解消
8.1 ロシアが元米 CIA 職員のエドワード・スノーデンの 1 年間の亡命を認める
8.9 財務省、「国の借金」が初めて 1000 兆円を突破したことを発表
8.21 ヤンキースのイチローが日米通算 4000 本安打達成
9.7 2020 年夏季五輪・パラリンピックの開催都市が東京に決定
10.31 秋の園遊会の最中に、山本太郎参議院議員が原発事故の現状を訴えた手紙を天皇に直接手渡す
11.20 最高裁大法廷、第 46 回衆議院議員総選挙における一票の格差が最大 2.43 倍であったことを理由に同選挙のやり直しを求める 16 件の訴訟に対する上告審判決で、現状の区割りを「違憲状態」と判断
11.28 広島高裁岡山支部、一票の格差最大 4.77 倍という状態で同年 7 月に行われた第 23 回参議院議員通常選挙について、違憲かつ無効であるとの判決を言い渡す
12.6 特定秘密保護法が成立
12.18 江田憲司みんなの党前幹事長ら衆参両院議員 15 人が参加し、新政党「結いの党」設立総会開催
12.26 安倍首相、現職総理大臣としては小泉純一郎以来 7 年 4 カ月ぶりとなる靖国神社参拝
12.27 仲井眞弘多沖縄県知事が米軍普天間飛行場の辺野古移設に向けた政府の埋め立て申請を承認

1.25 ―― #22

菅官房長官は首相の単なる「お友達」ではなさそうだ 右傾化の「抑止力」になるか

政権の命運を左右するのは、首相自身の力量だけではもちろんない。その補佐役である官房長官が誰であるかも大きく関わる。後藤田正晴は、約5年間の中曽根康弘政権でただ1人ずっと閣僚ポストにあった。その中で合計3年間は官房長官として首相を支え、内閣の統一性を確保する総合調整に心を砕いた。

通常、官房長官は首相と同じ派閥に属する者が起用される。職務の性格上、首相を人間的にもよく知っている必要があるからだ。しかし、中曽根は田中派の後藤田をあえて据えた。政権の金看板に掲げた行革を推し進めるために、官僚トップの官房副長官経験者の後藤田に、官僚の抑え役を期待したのである。後ろ盾である田中角栄の意向も忖度《そんたく》したのだろう。

後藤田は中曽根より4歳年上で、中曽根の「お友達」では決してない。時には体を張って首相の暴走を抑えた。

その典型例を挙げよう。イラン・イラク戦争を戦う両国がペルシア湾に敷設した機雷を除去するために、中曽根は英仏にならって海上自衛隊の掃海艇などを現地に派遣しようとした。

1987年9月のことである。相談を受けた後藤田は、「これは日本の従来からの平和国家としての国是そのものと正面衝突することになる」と強く反対した。さらに、こう言い放った。「(派遣を閣議決定するなら)私は閣僚としてサインしませんよ」(後藤田正晴著『内閣官房長官』講談社、106―107頁)

一方、鳩山由紀夫内閣の官房長官は鳩山の信任厚い平野博文だった。ところが、平野は米軍普天間飛行場移設問題や習近平中国副主席の天皇特例会見などで、調整能力を著しく欠いた。後者について、小沢一郎民主党幹事長は「平野は、何の調整もしなかった」とその怠慢を痛罵した(『週刊文春』2009年12月24日号)。

そして、第2次安倍晋三内閣では、安倍の最側近の菅義偉が官房長官に就いた。安倍より6歳年上である。秋田から集団就職で東京に来て、大学夜間部で苦学し、議員秘書を経て政界に入った。安倍とは対照的に映る。安倍と気脈を通じるきっかけは、対北朝鮮の圧力強化に菅が熱心に動いたことだった。その後、第1次安倍内閣で総務大臣になると、NHKに対して拉致問題を国際放送で放送するよう命令する「豪腕」ぶりをみせた。

強面《こわもて》なだけではない。地方分権改革推進法を成立させ、「ふるさと納税制度」を創設した。省内人事では、従来の慣例を破ってノンキャリアや技官を要職に登用した。首長の多選禁止を目指した検討にも着手している。遡《さかのぼ》って2001年には「選択的夫婦別姓制度」に理解を示したことがある。世襲議員の制限は長年主張してきた。

野党総裁時に安倍はいわゆる北風戦術を太陽戦術に切り替えて、野田佳彦首相から解散の言質を引き出した。実はそれには菅の助言が効いた。菅は安倍の単なる「お友達」ではなさそうだ。

先の後藤田は官房長官の仕事について、「その人自身の政治的な力量、キャラクターなどといったものの勝負である」と述べている（前掲書4頁）。安倍政権の右傾化に菅が「抑止力」になるとの見方もある。この官房長官の器量を見定めずして、安倍政権の的確な評価はできまい。

（肩書きは当時）

LATER ON いまや菅氏は官房長官としての在職日数歴代1位を更新中である。霞が関を掌握しきって、官僚たちを震え上がらせている。言い換えれば、ヒラメ官僚をはびこらせている。当初、こんな大官房長官に大化けするとは思いもよらなかった。この間に、首相の右傾化の「抑止力」にならないことは明らかになった。訂正したい。ちなみに、本文中に「大学夜間部で苦学し」とあるが、菅氏本人は「法政は夜間ですか？」の問いかけに対して「昼です」と明言している（松田賢弥『影の権力者 内閣官房長官菅義偉』講談社＋α文庫、97頁）。併せて訂正する。

2.22――#23

ディテール石破幹事長の不気味な党風刷新の動きと安倍首相が出し始めた地金

自民党の石破茂幹事長の評判が党内では芳しくないようだ。たとえば、石破の提案で、党本部の受付台に設置されていたガラスの囲いが取り外された。「開かれた自民党にする」という理由による。党内からは「考えていることのスケールがあまりに小さい」と失笑が漏れた（『選択』２０１３年２月号、48頁）。

１９９２年２月11日、短銃と日本刀をもった右翼が自民党本部に押し入り、総裁室に立て籠《こ》もった。短銃一発が受付に向けて発射された。それ以来、受付に防犯用ガラスが取り付けられたが、もはや無用の長物となっていた。

かつて同じようなことをした政治家がいた。野党と自民党造反組の支持を集めて参院議長に当選した河野謙三である。河野は議長になるとまず国会議事堂内を視察した。そして、参観受付に鉄格子がはまっているのをみるや、「あすの朝までにぶちこわせ」とただちに命じた。グロテスクな鉄格子が、国民と国会を隔てる象徴のように映ったからである。その河野は次のように語っている。

「国会の設備の改造なんて小手先の話じゃないかという人もあるが、ボクはそう思わない。礼は心なり、儀は形なり、という言葉がある。まず形を整えなければ、中身の改善なんか進まない。」(河野謙三『議長一代』朝日新聞社、49頁)

これを皮切りに、河野は正副議長の党籍離脱をはじめ数々の参院改革に着手してゆく。河野の意見に私は賛成であるし、石破の指示も彼の器の小ささを意味するものでは決してないと考える。

ちなみに、自民党本部には、私はゼミの学生を連れてこれまで何度か足を運んでいる。参観の最中に廊下の蛍光灯が切れていたりすると、案内役の職員の方が交換するようすぐさま携帯電話で連絡していたことが印象深い。この士気の高さはさすがだと感じ入った。ただ、受付台のガラス撤去まではなかなか思いが及ぶまい。

ところで、社会科学に経路依存性という用語がある。昔は合理性があった制度や仕組みが、もはや合理性を失っても惰性的に生き残ってしまう事態を指す。キーボードのアルファベットの配列が、その例としてよく引かれる。これは文字の打ちやすさとは無関係で、手動式タイプライターのアームが絡まないための配慮なのだそうだ(俗説との指摘もある)。

そういえば、長野県知事に当選した田中康夫が県庁を見学した際、1年前の時刻表が貼ってあることを注意して話題になったことがあった。いかに些末《さまつ》にみえることであれ経路依存性を断ち切ることは、組織のトップのれっきとした仕事なのだ。田中はいう。「ディテールにこそ真実、変革は宿る。」(『週刊ポスト』2000年12月22日号、48頁)

この点を理解せず、石破の着眼を評価しない党内世論は、相変わらず「大行は細謹を顧みず」こそが幹部の貫禄だと勘違いしているのだろう。

今夏の参院選に向けて、石破は候補者予備選の実施を候補未定の15道府県連に求めている。これも「開かれた自民党にする」一環にほかならない。「この憲法でなければめぐみさんを守れた」などと、安倍晋三首相は地金を出しはじめた。ディテール石破による党風刷新もまた不気味である。

LATER ON 石破氏は2014年9月まで自民党幹事長を務めたあと、同月に発足した第2次安倍改造内閣に入閣し、第3次安倍第1次改造内閣まで閣内にとどまった。その間、2015年9月に自らの派閥である「水月会」を立ち上げた。2016年8月の第2次内閣改造では安倍首相から留任を打診されたが、それを固持して閣外に出た。そして、同月に党総務会の総務に就いた。総務会は党の常設の最高意思決定機関で、原則として毎週2回開催される。議決にあたっては全会一致の慣行がある。つまり、総務になった議員は総務会で発言することで、自らの存在感をアピールできる。その総務会で、石破氏は2017年1月には天皇退位をめぐる法整備を目指した党内議論のあり方を捉えて、党執行部を批判した。同年5月には、憲法9条2項を残したまま自衛隊の根拠規定を加える安倍首相の改憲案に異を唱えた。さらに、同年7月には都議選惨敗を受けて、党執行部の無反省ぶりに苦言を呈した。

総務会を自己主張の格好の舞台とした石破氏に党執行部は手を焼いた。そこで、2017年8月に「1年が慣例」だとして石破氏は総務を退任させられる。石破氏はそのあとも政権批判を繰り返す一方、2018年9月の自民党総裁選に立候補する意向を8月10日に正式に表明した。6年ぶりの選挙戦となる。石破氏の苦戦はもとより明らかだが、選挙でトップが決まる透明性は組織運営上重要だと考える。

3.22——#24

「札付き」保守派たちの情念に由来する「主権回復の日」で連休が始まるかと思うと憂鬱

「絶好調」の第2次安倍晋三内閣が、いよいよその保守的性格を露《あら》わにしてきた。3月12日の閣議で政府は、今年の4月28日に「主権回復の日」なる政府主催の記念式典を開くことを決めた。天皇、皇后も出席するという。この日は1952年にサンフランシスコ講和条約が発効した日に当たる。そこにはどのような政治的意図が込められているのか。

その出自は、1997年4月28日に開かれた「主権回復四十五周年記念国民集会」に求められよう。小堀桂一郎明星大学教授が基調報告を行ない、渡部昇一上智大学教授らが関連するテーマで討論を行なっている（肩書きはいずれも当時）。それから毎年この日を記念する催しは開催されていく。小堀氏は四・二八の意義と「国民の祝日」化を『産経新聞』紙上で何度も唱えることになる。

小堀氏によれば「我々日本国民は平和条約の発効といふ歴史的事実の含む重大な意義をそれにふさはしく深く認識することを怠つた。そのために、その日まで続いてゐた占領＝主権喪失状態の中で採択を強制された日本国憲法や教育基本法、神道指令（中略）が、如何に国際法の理念と慣習を蹂躙《じゅうりん》した違法の所産であるかといふ冷厳な事実をも看過し、忘却した。／平和条約の発効を以て、過ぐる戦争に関はる損益の貸借関係は清算され、日本国は爾来、尊厳にして不可侵の主権を保有する独立国家の地位を回復したはずなのだが、この事実への認識が痛切でないことからくる弊害は国政の各処に歴然と見て取れる」（『産経新聞』１９９８年4月23日）。

集団的自衛権を行使できず諸外国の不信と侮りを買い、首相や閣僚の靖国公式参拝では「隣国の干渉」に屈している、と小堀氏の歯ぎしりは続く。すべては四・二八の主権回復に国民が無自覚なまま、占領下に押しつけられた屈辱的な「遺制」に毒されてきたからだ、というわけである。

この小堀氏らの運動に共鳴したのが、２００５年総選挙で初当選した自民党でも保守色の強い衆院議員らである。彼ら34人は06年2月11日に勉強会「伝統と創造の会」を設立し、稲田朋美議員が会長に収まった。同年4月28日には、そのうち21人が「記念すべき日」だとして、靖国神社に集団参拝する。なお、前出の渡部氏は稲田氏の後援会長を務めている。

09年総選挙で多くのメンバーが落選する中、生き残った稲田氏らは、「4月28日を主権回復記念日にする議員連盟」を結成する。そして、講和条約調印から60年を迎えた11年には、この議連の肝いりで祝日法改正案が8月26日に衆院に提出された。4・28を主権回復記念日として、「国民の祝日」に加えるとする。昨年の総選挙で自民党が掲げた政策集にも、「政府主催で（中略）4月28日を『主権回復の日』として祝う式典を開催します」と謳われた。この公約を、稲田氏も閣僚に就いた現政権はさっそく実現した。

保守派の「札付き」たちによる「日本よ国家たれ」的な情念に、「主権回復の日」は由来する。こうしたイデオロギー的作為に満ちた「記念日」を政府主催の記念式典とすることに、私は強い違和感を抱く。近い将来、4月28日「主権回復の日」、29日「昭和の日」で大型連休が始まるかと思うと、憂鬱《ゆううつ》でならない。

LATER ON 同年4月28日に政府主催の「主権回復・国際社会復帰を記念する式典」が予定どおり開催された。閉式後にちょっとしたハプニングが起こった。会場から「天皇陛下万歳」という声が上がった。壇上の安倍首相は両手を垂直に上げ誇らしげに唱和した。日本国憲法の下、国民主権が規定されているにもかかわらず、天皇主権国家のように首相が嬉々として万歳するとは。首相の立憲主義に対する無理解をまざまざと見せつけられた。これについては#49でも取りあげた。

2014年2月10日午前の官房長官記者会見で、『日本経済新聞』の記者が「主権回復」式典を今年は開催を見送るのかと菅官房長官に尋ねた。官房長官は「5年とか10年とか節目節目という形で進めていきたい」と答えた。政府としては開催しないことを認めたのである。本文中の小堀氏らの期待はかなわなかった。私はそこに、「日本国憲法下で象徴と位置づけられた天皇の望ましい在り方を、日々模索しつつ過ごして来ました」という天皇の意思が強く働いていると推測する。「天皇陛下万歳」など本人が望んでいないのだ。その後も主権回復記念日国民集会は毎年4月28日に開かれているが、政府主催としては行われていない。

4.19――#25

「安全」「防災」「減災」のためこの善意による危機管理が息苦しい社会をつくりだす

私の勤務する大学で、学生部から学生に対して「北朝鮮による弾道ミサイル発射に係る対応について」と題するメールが4月11日に一斉送信された。「標記のことについて、文部科学省から連絡がありましたので、下記のとおり対応をお願いします」とあって、「万が一、キャンパス内で落下物らしき物を発見した場合には、決して近寄らず、各キャンパス学生支援事務室もしくは最寄りの事務室に連絡してください。／また、キャンパス内で落下物等による被害があった場合にも、被害状況を各キャンパス学生支援事務室もしくは最寄りの事務室に連絡してください」というもの。

このメールを学生からみせられた瞬間、私は噴き出してしまった。過剰反応もはなはだしい。2ちゃんねるをみると、同種のメールが全国の各大学からそれぞれの学生に送信されたことがわかる。文科省から指示があると、「アホくさ」と思っても大学は「しかるべき」対応をとらなければならないようだ。そして、2ちゃんねるに書き込まれた「なに煽ってんすかね」とのレスはまったく正しい。

北朝鮮（朝鮮民主主義人民共和国）の挑発行為が言語道断であることは指摘するまでもない。北朝鮮の祖国平和統一委員会は11日に、「我々の赤い矢印は、米国本土と太平洋などの米帝侵略軍の拠点に向けられている」と警告を発した（4月12日付『朝日新聞』）。「想定外」という言葉は隕石の衝突以外には使ってはいけないそうなので、軽々なことは言えない。それでも、冷静に考えてみれば、文科省が心配するような事態は万に一つでも起こりうるのだろうか。

「3・11」以降、「危機管理」が用語としても政策としてもすっかり定着した感がある。メールや携帯電話など、個々人に瞬時かつ直に連絡が届く通信手段が飛躍的に普及したことも大きい（ついに私も高1の娘にスマホを買わされた。親ばかです）。これらを用いて、行政は「狼が来るぞ」と声をからしてよびかける。あるいは、私の出身地の新潟県上越市では、防災行政無線の戸別受信機が各世帯に無償で貸し出されている。「災害時の緊急連絡手段を確保するため」である。

帰省するたびに、居間に鎮座する戸別受信機にぎょっとする。それは勝手にしゃべり出すのだ。オーウェルの『一九八四年』に出てくるテレスクリーンまで、あと一歩ではないか。

もちろん行政に悪意などはない。住民の安全のために良かれと思ってやっているのだ。しかし、「地獄への道は善意で舗装されている」ことを見落としてはなるまい。

すなわち、防災・減災のためと言われれば、異議を唱えにくい雰囲気が真綿で首を絞めるかのように私たちを包んでいる。「北朝鮮対応」とて同じだ。この息苦しさときたら！ ドイツの世論研究の大家ノエル＝ノイマンが説く「沈黙の螺旋《らせん》」的状況だろう。

人びとは自分の意見が少数意見だと察知すると、孤立を避けるために口を閉ざす。すると連鎖的にますます多数意見は強く、少数意見は弱くなる。そして、危機を情緒的に煽ってこの連鎖を作り出す狼論こそ、為政者が愛用するイデオロギーにほかならない。

と、書いたところで、淡路島で震度6弱の地震があった報に接した。やれやれ、「善意による舗装」はまたその歩を早めそうだ。

5.24——#26

男性たちは日頃、自覚なく女性差別的発言をしているその極みが橋下氏らの妄言だ

××は死ななきゃ治らないという。橋下徹大阪市長・日本維新の会共同代表の「従軍慰安婦」問題をめぐる一連の発言、さらにそれをかばいだてする石原慎太郎衆院議員・日本維新の会共同代表やそれに乗じた西村眞悟衆院議員の発言には、この慣用句がまさにぴったりだと感じ入った。

彼らの言語道断の発言かつ甚だしい女性蔑視に、四半世紀近く前に出された松田道雄著『私は女性にしか期待しない』（岩波新書）を思い出した。そして同書を開いて一服の清涼剤とした。ちなみに、松田氏は小児科医である。

「不作がつづいて食えなくなった農家の娘が、娼家に売られ、監禁され、客をとらされ、来る日も来る日も泣いてくらしていたとき、／「何人も、いかなる奴隷的拘束も受けない」（第18条）／という憲法ができたときいたとき、神の声と思ったでしょう」（150頁）

この憲法がいま破壊されようとしている。「いまの憲法は敗戦のどさくさにまぎれて、占領軍が押しつけたものだという人があります。／そういう人は（略）息子を兵隊にとられ、戦争

にかりだされ、密林や名もない島で、戦死させられた何百万人の母親の気持を知らない人です」（同）。

憲法改正の焦点が9条であることはいうまでもない。朝日新聞社が3月中旬から4月下旬にかけて実施した世論調査によれば、9条を「変えない方がよい」が52％で、「変える方がよい」の39％を上回った。ただ、性別でみると、男性では「変える方がよい」50％、「変えない方がよい」43％なのに対して、女性では「変えない」61％が「変える」28％に大きく差をつけた（5月2日付『朝日新聞』）。9条は女性によって守られているのである。

ロックバンド・ゴダイゴのタケカワユキヒデは、「出産に立ち会って、あんなすごい仕事はほかにない、女の人にかなわないと痛感した」と述べている（5月16日付『朝日新聞』夕刊）。産む性の「平和本能」が、女性たちに9条を支持させるのだろう。橋下市長らの抑えの効かない「闘争本能」とは対照的だ。

ところで、『東ベルリンから来た女』という映画を先日みた。1980年の東ドイツが舞台である。小児外科医で出国計画を密かに進める主人公バルバラには西に住む恋人ヨルクがいる。彼が東に来たとき、「西に行けば好きなだけ眠れるよ。僕の稼ぎで十分だ。働かなくていい」と彼女に告げる。

この言葉にバルバラは揺れる。自分は医師として誇りを持って働いているのに、ヨルクはその点をまったく理解していないことに気づいたからだ。決行の日が近づく。脱出するか、東に残って子どもたちに尽くすか（あとはみてのお楽しみ）。

日常における男性たちのこうした傲慢な発言の極みが、橋下市長らの妄言なのではないか。松田氏は「男がしきたりの上にあぐらをかいて、その安楽さのゆえに、女性差別の感覚をにぶらせていた」(前掲書、199頁)と指摘する。

最後に、橋下市長にお願いしたい。「僕」という一人称を、公の場で使うのはやめてほしい。甘えと逃げが含意されているようで耳障りだ。ひとかどの政治家なら「私《わたくし》」を用いよ。主語を変えれば、少しは放言にブレーキがかかるかもしれない。

LATER ON 翌2014年6月には、東京都議会で発言中の女性都議に対して複数の男性都議がセクハラ的な野次を飛ばして大問題となった。野次を飛ばしたと特定された男性都議はこの女性都議に謝罪した。2017年7月の都議選でこの男性都議は8位の最下位で辛うじて当選した。2018年4月には財務事務次官のセクハラ疑惑が報じられ、財務事務次官は辞任した。

男性たちによる無自覚な女性差別的発言の淵源にさかのぼれば、キャロル・ペイトマンのいう「性契約」に行き着くのではないか。政治社会を成立させる社会契約に先行して、実は女性を男性に従属させる家父長的な「性契約」が存在していたのである。

6.21——#27

古賀誠氏が「赤旗」の取材に応じたのは保守政治家の質の低下をよほど憂えている証拠

古賀誠・元自民党幹事長がこともあろうに（？）共産党機関紙の『しんぶん赤旗』6月2日付日曜版に登場して話題をよんでいる。私も入手しようと近くの赤旗出張所に電話してみた。するともはやその出張所に残部はなく、「中央」にもないという。ならばなおさら読みたい。3分ほど電車に揺られて出張所を直接訪ねると、なんとか一部を都合してくれた。

そのインタビュー記事によると、古賀の父親は彼が5歳のとき戦死した。「母は自分の幸せなど、何ひとつ求めることなく、私と姉を必死で育ててくれました。子ども心にも母の背中を見ていて、戦争は嫌だ、二度と戦争を起こしてはならない、と思いました。この思いが私の政治家としての原点です。（略）今回、あなた方（赤旗日曜版）のインタビューを受けたのも、戦争を知る世代の政治家の責任だと思ったからです」。

自身の原点に忠実たらんと、古賀はイラク特措法の衆院本会議採決では、党議拘束に反して議場から退席した。かつて立花隆は田中角栄を「抽象思考ゼロの経験主義者」と揶揄《やゆ》したが、経験を根拠とする「思い」ほどその人を強く規定するものはあるまい。古賀の「反党行為」はその一例だ。

音楽の世界でも、ミュージシャンの財津和夫は「経験したことがヒントになった作品にはやはり力があります」と述べている（6月14日付『朝日新聞』夕刊）。財津が率いたチューリップの大ヒット曲「心の旅」は彼の上京経験がモチーフになっている。

一方、本誌前号にも指摘された橋下徹・大阪市長のように、意見をご都合主義的に変えられるのは、それに経験の重しが伴っていないからだろう。「銃弾が雨嵐のごとく飛び交う中で命をかけて走っていく」と彼の口から聞いてもまったくリアリティがない。

映画『リンカーン』には、南北戦争の戦闘で引きちぎられたおびただしい数の四肢が血を滴らせながら荷車で運ばれるシーンがある。あるいは、ジョージ・オーウェルは『カタロニア讃歌』で、自ら従軍したスペイン内戦における当地の病院の様子を描いている。「外科室の内部《なか》では、麻酔なしの何か恐ろしい手術が行なわれていた。（略）その手術はながながと続き、ひっきりなしに悲鳴があがった。あとで私が入っていったときには、椅子が投げ出されていて、床は血と小便の海だった」（角川文庫、287頁）

神は細部に宿りたまう。細部に目を閉ざす勇ましい大言壮語《たいげんそうご》に搦《から》め捕られず、戦争の生々しい現場を語り継ぎ「思い」を鍛えてゆく。その大切さを古賀に教えられた。

ただ、政界を引退した古賀が「不倶戴天《ふぐたいてん》の敵」の取材に応じたことは、現職の保守政治家をよほど憂えている証拠ではないのか。先日出席したある研究会では、政治学者も新聞記者も口をそろえて国会議員の質の低下を嘆いていた。国会でのヤジもひどい。官僚も同様で、「左翼の××ども」（安倍晋三首相によれば「恥ずかしい大人たちの代表」）とツイッターに書き込んだ官僚と似たような意識を秘める者は、ざらにいるという。

無理を承知であえて言う。来月の参院選ではまともな政治家が1人でも多く当選し、この夏の人事異動ではまともな官僚が1人でも多く幹部に就いてほしい。

LATER ON　2018年3月25日の自民党大会で、安倍首相は重ねて改憲への意欲を示した。自民党内では、首相の改正案である、9条の2を新設して自衛隊の存在を憲法に明記する案での意見集約が図られようとしている。この首相案に対して、古賀氏は講演で「必要性はまったくない」と明確に反対した。そしてポスト安倍を見据えて、「次の宏池会主軸の政権では9条は一字一句変えない決意が必要だ」と呼びかけた（2018年4月24日付『朝日新聞』）。9条の堅持を強く主張していた野中広務・元自民党幹事長は2018年1月26日に死去した。直言居士の古賀氏のような存在がますます貴重になっている。

7.26 —— #28

巨大与党と虚弱野党を前にした私たちはこれからの三年間を「拮抗力」を鍛える「千載一遇の好機」にしなければならない

大方の予想どおり、今回の参院選で自民党は地滑り的勝利を収めた。政権運営を悩ませる衆参のねじれ状態は解消され、与党は両院ともに安定多数の議席を獲得した。安倍晋三首相は盤石の政権基盤を背景に「安全運転」を脱して、安倍カラーを鮮明にした政策を打ち出していくに違いない。しかも、彼は選挙を気にせずそれに専念できる十分な時間を手に入れたのである。

戦後、国政選挙の間隔が一番あいたのは、１９８０年と１９８６年の2度の衆参同日選挙のあとの3年あまりである。同日選によって衆参で安定的な議席を得た与党自民党は、その間に解散・総選挙を行なうことはなかった。ただ、首相も変わらなかったわけではない。

80年同日選の後「なりたくて（首相に）なったわけではない」鈴木善幸氏は2年4カ月で政権を投げ出し、中曽根康弘氏が跡を襲った。その中曽根氏は86年の「死んだふり解散」による同日選で大勝した。これで彼は自民党総裁任期の1年延長を認められ、総理・総裁を87年まで続けた。

一方、安倍氏は、２０１５年に自民党総裁の任期を迎える。とはいえ、総裁は1期3年で連続2期まで在任できるので、これを乗り切れば2016年の参院選まで丸々3年を（補欠選挙を別にすれば）国政選挙に煩わされることなく使うことができる。これだけの安定的な議席と十分な時間を保証された首相は、戦後はじめてだろう。向こう3年間は安倍政権が続くと腹をくくったほうがよさそうだ。

さっそく『産経新聞』は「千載一遇の好機が来た」と書き、『読売新聞』は「黄金の3年間」と形容した（いずれも7月22日付）。

短期的時間軸で「選挙目当て」の場当たり的な政策をひねり出すのではなく、中期的な時間軸で政策を考えることができるのは大きい。憲法改正を最終目標として、この政権は第1次安倍内閣で挫折した「戦後レジームからの脱却」に本気で乗り出すことだろう。

首相は健康そのものらしい。参院選公示前に首相と会食した新聞記者と話す機会があった。その記者によれば、首相は気分をハイにする薬でも飲んでいるのかと疑われるくらい、驚くほど快活で健啖《けんたん》だったという。双極性障がい（躁鬱病）ならば躁状態はやがて鬱転するのだが。

対する野党では、民主党が改選数44に対して17人の当選にとどまった。掛け値なしの存亡の危機である。みんなの党、日本維新の会、そして共産党はそれぞれ8議席ずつを得て議席を増やした。だが、前二者はブームを巻き起こすには至らず、相対的に共産党の健闘が目立った。唯一胸がすいたのは、沖縄選挙区で糸数慶子議員が「平和の1議席」を守ったことである。

巨大与党と虚弱野党を前にして、私たちは首相の潰瘍《かいよう》性大腸炎の再発か「鬱転」か、あるいは自民党内の不満分子の増殖か公明党の離反を期待することしかできないのか。私たちも責任ればを分かちあい、野党の虚弱さを補うほかあるまい。米国の経済学者ガルブレイスの言葉を借りれば、巨大寡占与党を抑制する「拮抗力」の涵養《かんよう》が求められているのだ。

選挙戦最終日の7月20日に、首相は東京・秋葉原で最後の演説を行なった。「安倍ウルトラズ」とでもいうべき支持者がそこここで大小の日の丸を打ち振る。それに鼓舞されたのか、首相はそれまでほとんど触れずにきた憲法改正に言及してこう結んだ。

「誇りある国をつくっていくためにも憲法を変えていこう」

奇しくもその日は、宮崎《みやざき》駿《はやお》監督の5年ぶりとなる長編アニメ映画『風立ちぬ』の公開初日だった。その制作スタジオ「スタジオジブリ」が毎月発行している無料配布の小冊子『熱風』の7月号は、「憲法改正」を特集した。「全国の書店では品切れが続出。ジブリ出版部は反響の大きさから、『参院選の投票日（21日）前に読んでほしい』と18日、急きょジブリ公式ページで公開を始めた。」（七月一九日付『東京新聞』より）

私もダウンロードして入手した。巻頭は「憲法を変えるなどもってのほか」と題した宮崎監督のインタビュー記事である。

「政府のトップや政党のトップたちの歴史感覚のなさや定見のなさには、呆れるばかりです。考えの足りない人間が憲法なんかいじらないほうがいい。本当に勉強しないで、ちょこちょこっと考えて思いついたことや、耳に心地よいことしか言わない奴の話だけを聞いて方針を決めているんですから」（8頁）と辛辣《しんらつ》だ。

先日歩いた地下鉄・大手町駅の地下通路に『風立ちぬ』の側壁広告をみつけた。その右上には「読売新聞」と白抜きされていた。それもあって、『熱風』のこの特集にはジブリと宮崎監督の勇気を再認識した。ちなみに、あるテレビ番組でみた彼の仕事机横のスチール棚には「NO！原発」と書かれたステッカーが貼ってあった。

「政府のトップの歴史感覚のなさ」には、右翼団体・一水会の木村三浩代表も憤っている。彼は現在横行する「他人をさげすんで自らを慰撫する、夜郎自大なお手軽ナショナリズム」を厳しく批判する。「非歴史的で検証に堪えない」と。首相の肝いりで開催された4月28日の「主権回復の日」記念式典には、彼らの団体は国会前で3日間座り込んで反対の意思表示をした。この記事（7月17日付『朝日新聞』）を読んで、私は彼の「本当に勉強」している見識に深く敬服した。

さて、参院選投開票日の夜、私は『立候補』というドキュメンタリー映画をみにいった（自民党候補者の当確を次々と伝える選挙特番をみたくなかった）。マック赤坂氏など〝常連泡沫候補〟の選挙活動に密着取材した異色作である。そのラストシーンは圧巻だった。マック赤坂氏をやじり倒そうとする聴衆に向かい、同行した彼の息子が「文句があるならお前が出てみろ」などと猛然と反論するのである。

私たちは民主主義の傍観者や消費者であってはなるまい。マック赤坂氏の行動力に襟を正し、木村代表の高潔さを見習い、そして宮崎監督の覚悟を共有する。こうして、私たちにとってこの3年間を「拮抗力」を鍛える「千載一遇の好機」にしなければならない。

「マイナスからプラスへ！」

LATER ON 「黄金の3年間」のはずが、安倍首相は2014年11月に衆院を解散し、翌月総選挙となった。その大義名分は2015年10月に予定されていた消費税率の10%引き上げを2017年4月に先送りすることについて、国民の信を問うためとされた。税金が上がらないことに反対する国民などいない。自公の与党両党は議席数の3分の2を維持して圧勝した。なんのための解散だったのか。とにかく、2012年の総選挙で初当選した大量の1年生議員は、ほとんどが労せずして再選を果たした。

こうして延期された消費増税を10カ月後に控えた2016年6月に、首相は増税を2019年10月まで2年半も再延期すると表明した。2016年7月の参院選はこの判断の信を問うものと位置づけられた。この参院選でも与党は大勝を収める。ただし、選挙区のうち32ある1人区すべてで野党共闘が実現したことは「拮抗力」の事例として評価すべきであろう。

2017年3月の自民党大会で党則が改正され、総裁任期が「連続3期9年まで」に変更された。同年9月の「国難突破解散」を受けての10月の総選挙でも与党は野党の分裂騒動に乗じて楽勝した。第2次安倍政権発足とともにバッジを付けた議員はなんなく3回生議員となった。3回とも「風」で当選できた資質に問題のある議員も少なくない。「魔の3回生」とよばれる。

牧原出東大教授が興味深い指摘をしている。「安倍政権は、「短期政権型の長期政権」

です。選挙と選挙の間を短くして、その間の実績を強調し、支持率を上げ、選挙で大勝する。これを繰り返しています」(2018年3月17日付『朝日新聞』)。確かに5年で4回の国政選挙である。その「連作障害」がいまあらわになってきている。

8.23——#29

内閣法制局長官人事への懸念表明するのは引退議員ばかり自民の現職議員は皆だんまり

「いとしい我が子や妻を思い、残していく父、母に幸多かれ、ふるさとの山河よ、緑なせと念じつつ、貴い命を捧げられた、あなた方の犠牲の上に、いま、私たちが享受する平和と、繁栄があります」

これは8月15日の敗戦の日に開かれた全国戦没者追悼式における安倍晋三首相の式辞の一部である。ちょうどその日、私は自宅にいて、正午のNHKニュースでその映像をみた。「あなた方」という言い方にびっくりして、「上から目線だなあ」と家族を前に声を上げてしまった。日本語で「あなた」という二人称は、目上の人や年長者には決して用いまい。まして相手は首相が「尊崇の念」を抱く「ご英霊」である。

私はこのスピーチを作成した首相のスタッフの言語感覚を疑う。同時に、それをそのまま読み上げた首相の見識にも不安を禁じ得ない。きちんと下読みして、直すべきだったのではないか。

ささいな言葉遣いにその人の本心が映し出される。「あなた方」に、参院選に圧勝して政権基盤を盤石に固めた首相の、おごった心の内をみる思いがする。商用データベースで1984年から、この式典における首相の式辞を調べてみた。すると昨年まで「あなた方」は一度も使われていなかった。それくらい異例の表現なのである。

異例好きの首相のおかげで、私は多忙な夏休みを送っている。今回の内閣法制局長官人事についての取材が次々に舞い込むのだ。

そんな中で知りあったある新聞記者によれば、首相はこの人事を、どうだ見たかとばかりに周囲に自画自賛したという。自民党内からは異論・反論は聞かれない。秋の臨時国会を前に予想される内閣改造・党役員人事に備えて、皆だんまりを決め込んでいるのだそうだ。

気を吐いているのは引退した元大物議員である。福田康夫元首相は、「何十年も積み重ねてきた議論を『はい、これまで』と、雑な議論で済ますわけにはいかない。政治の信頼性の問題につながる」と述べている（8月13日付『信濃毎日新聞』）。

いずれも自民党幹事長経験者の山崎拓氏と古賀誠氏の対談が、8月11日付『西日本新聞』に載っている。山崎氏は「集団的自衛権の行使は、憲法改正をした上でするべきだ。（略）現政権はそれを強引に変えようとしている。法治国家としてどうかな、と思う」と。古賀氏は「私たちのような戦争の怖さを知っている人間からすれば、あの人事には驚かされた。自衛権については論議する時代に来ているが、それを人事で決めるのには怖さがある」と言う。

こうした懸念の声がなぜ現職議員から出ないのか。集団的自衛権の行使を認めることは、国是の変更に値する重大な政策の変更である。人事で進める次元の話ではない。

かつて自民党は派閥の連合体といわれた。それが生み出す多元性と柔構造が自民党の魅力であり、党内の自由な言論を担保した。政権の暴走も抑えられた。その美風はもはやすたれてしまったのか。

そういえば、共産党の故・宮本顕治議長は中央委員会総会で中央委員全員に対して、「あなた方」という言い回しを用いたらしい（筆坂秀世『日本共産党』110―111頁）。まさか自民党議員も、首相に「あなた方」とすごまれて萎縮したわけではあるまい。

LATER ON　2013年7月の参院選でねじれを解消した安倍政権が、最初に着手した「大仕事」がこの内閣法制局長官人事だった。内部昇格の慣例を無視して、首相の意を体した小松一郎駐仏大使を長官として送り込んだ。それまで、内閣法制局は「法の番人」として政策決定に大きな影響力を及ぼしてきた。

たとえば、1994年1月にアメリカは北朝鮮が日本海などに機雷を敷設した場合、その除去を日本に求めてきた。当時は細川護熙政権で、影の総理といわれる内閣官房副長官（事務）には石原信雄氏が就いていた。外務省はそれに前向きだったが、大出《おおで》峻郎《たかお》内閣法制局長官は「海外での武力行使を禁じた憲法9条に反する」として、頑として認めなかった。石原氏は『法の番人』たる内閣法制局は別格の存在で、その判断は絶対的」と振り返る（2018年4月30日付『京都新聞』）。

長官の首をすげ替えて言うことを聞かせる。この禁じ手の前に内閣法制局はあっけなく陥落した。翌2014年7月、従来の憲法解釈を変更して、集団的自衛権行使を容認する閣議決定がなされるのである。「別格」「絶対的」というイメージとはほど遠いうろたえぶりに、私は「裏切られた」と思うほかなかった。

9.20――#30

軍拡を目指し原発の汚染水は垂れ流し状態の日本での五輪ボイコットされませんように

2020年東京オリンピック・パラリンピック開催が決まった。向こう7年間、国民的躁状態の中に巻き込まれるかと思うとうんざりする。

オリンピックといえば、私は1980年のモスクワ五輪を忘れることができない。前年12月、ソ連軍がアフガニスタンに侵攻した。それに反発した米国は西側諸国にモスクワ五輪のボイコットを呼びかけたのだ。それでも英仏伊は参加したが、日本は従順にボイコットした。レスリングの高田裕司選手は涙ながらに抗議した。

ところで、次の文章の「××」の部分には何が入るだろうか。

「××の脅威は、重大な脅威ではないのか。時代は重大な時期に差しかかっている。これは、国民の常識にもなっている感じだ」

正解はソ連である。当時の細田吉蔵防衛庁長官の発言を引いた（1980年2月5日付『読売新聞』）。その年の10月、社会党の石橋政嗣衆院議員の『非武装中立論』（社会党機関紙局）が刊行される。同書で氏はこう書いている。

「軍隊の必要性を認めながら、それはささやかなものでよい、強くなる必要はない、そんな馬鹿な話があるでしょうか。第一に、軍人たちが承知するはずがないではありませんか。そんなことでは防衛を全うすることができないといわれれば、彼らが必要だという限りこれを認めざるを得ないものなのです。軍隊というものは、本来的に自己増殖を続けていく性質を持っているのです」（46頁）

安倍晋三首相は安全保障環境の変化を理由に、集団的自衛権の行使を可能にしようとしている。今月2日、米国の超党派の議員団と会談した首相は「厳しさを増すアジア太平洋地域の戦略環境の中で、今こそ日米同盟の強化が求められる」と力説した（2013年9月3日付『産経新聞』）。

まさに「いつやるか？　今でしょ！」である。軍隊は自己増殖する。それを正当化するために近隣某国の脅威が必ず唱えられ、その切迫性が決まって強調される。このロジックで軍拡が繰り返されてきた。昔ソ連、今中国である。集団的自衛権行使可能となれば、某国の軍拡に格好の口実を与えよう。

ところで、1972年に『毎日新聞』創刊100年の記念行事として「日本の選択」をテーマにした論文募集が行なわれた。城山三郎氏の小説『官僚たちの夏』の主人公・風越信吾のモデルとなった佐橋滋氏は、これに応募して見事入選した。その論文「平和の戦略―実験国家への道―」で、佐橋氏は軍備の本質を射抜く。

「軍備はその性質上拡大傾向を持つものである。どこまでいってもこれで十分という軍備はない」「軍備は経済的にいえば全くの不生産財であり、人間の生活向上になんら益するところがない」「軍備を国家有事の時、つまり戦争のための保険であるかのような説を唱えるものがいるが、とんでもない詭弁である。軍備が戦争を生むことを忘れてはならない」(同『日本への直言』毎日新聞社、94―95頁)

この軍備批判の原点を、私たちはまさに忘れてはなるまい。

さて、福島第一原発の汚染水問題の深刻さは底なしだ。「状況はコントロールされている」とはよく言う。ゆめゆめ東京オリンピック・パラリンピックがボイコットされませんように。

LATER ON 東京オリンピック・パラリンピックに向けた国民的躁状態は、さらに熱を帯びつつある。オリ・パラ開催にたいてい若い人びとが反対するのに対して、東京の場合、若者たちが歓迎しているのが特徴だと「東京」の専門家からきいたことがある。

オリ・パラクラスの国家的行事を経験していない彼らは、それを渇望しているのだという。この感情が「日本ボメ」の風潮と相乗的に作用して、異論の萎縮と自己規制につながらないことを願うばかりだ。アナウンサーの久米宏氏は「再来年のオリンピックは、福島の原発事故に対する「目くらまし」だと思ってる」と発言している（『週刊金曜日』2018年4月20日号、21頁）。強く同意する。

10.18――#31

消費税の逆進性は「顕微鏡的」格差で実は公平な税なのか「望遠鏡的熟議」が必要では?

最初に宣伝です。拙著『これでわかった！　内閣法制局』を五月書房より刊行しました。1300円+税です。増税前にお早めに。というわけで、来年4月から消費税が8%に引き上げられる。所得に関係なく誰でも同じ税率の消費税は、逆進性の強い苛斂誅求《かれんちゅうきゅう》だと私自身も思ってきた。

このたび、桜井良治著『消費税ほど公平な税はない：課税原則と実態』（文眞堂）を読んだ。サブタイトルは「西欧並み20%台で社会保障充実、財政再建、震災復興」である。消費税を

20％台に引き上げよとの主張なのだ。

桜井氏は大学教員だが、決して政権の御用学者でも財務省の「族」学者でもない。あとがきに、「筆者はこれまでの生涯を通じて、国・地方のいかなる行政機関や政党、経済団体、圧力団体にも関与せず、影響も受けていない」とある（260―261頁）。

消費税の逆進性について桜井氏はこう反論する。階層別にみると、最高所得階層の消費税負担額は最低所得階層のそれの2・79倍である。従って消費税は、税の支払い能力が高い者はそれだけ高額の税負担をすべきだという垂直的公平の原則にかなっている、と。

いや、所得に占める消費税の負担率の問題ではないのか。そこで同氏は「逆進率」を検討する。これは最高所得階層の所得に占める消費税負担率を分子に、最低所得階層のそれを分母にして算出される。1に近づくほど両者の負担率は接近していることになる。その値は0・81だった。ようやく同氏も消費税の逆進性を渋々認める。

しかし、これを同氏は「顕微鏡を使わなければ見えないような微弱な格差に過ぎ」ないと断じる。高所得者ほど消費税負担額が高いばかりか、所得税負担額も高いのだ。従って逆進性は「存在したとしても、低所得階層の生活を脅かすような深刻な問題ではない」（127頁）。さらに、消費税率20％にして全世帯に20万円を還付すれば、逆進性は完全消滅すると試算する。その場合、消費税収入総額50兆円に対して総還付額は8兆9104億円で、後者の前者に占める割合は17・8％となる。「増税の大きなメリットを考慮すれば、小さな負担と思われる」（244頁）

また、所得税の捕捉率が「トーゴーサンピン」なのに比べて、消費税は「平等に負担」（174頁）する。つまり、脱税せずに平等に税負担すべきとの水平的公平の原則にも消費税は沿う、という。2013年1月現在における各国の付加価値税率（標準税率）は、英20％、独19％、仏19・6％などEU諸国では20％前後に達している。スウェーデンは25％だ。これら諸国は社会保障財源に付加価値税を充ててきた。片や、公債の大量発行頼みの日本では、国の借金が1000兆円を突破している。

今後、高齢化は一段と進み、勤労所得に頼る所得税の課税ベースは縮小し続ける。一方、「年々の高齢化に伴って、国の社会保障費が一兆円ずつ増加し」（201頁）ていく。現行の社会福祉水準を維持するのなら、公平・簡素で生涯課税の消費税中心の税制に移行すべきだと説く。

逆進性の前で思考停止していた自分を恥じた。この消費税善玉論を望遠鏡的に熟議する必要があるのではないか。

LATER ON　本稿については「論争が起こりそうな気がしますが読者からの反応があればお知らせいたします」とのメールが編集部から届いた。幸か不幸か読者からの反応はなかったようだ。2016年10月20日にゼミの学生たちを連れて議員会館を訪れ、自民党の野田聖子衆院議員と意見交換の機会をもった。その中で野田氏は「消費税ならヤクザでも負担しなければならない」と、消費税の水平的公平の原則を強調した。なるほどとひざを打った。「望遠鏡的熟議」が必要だとの立場はいまも変わらない。

11.15 —— #32

三権分立を理解していない議員に司法はなめられている裁判所は「闘う司法」であれ

11月7日、会計検査院は安倍晋三首相に2012年度の決算検査報告を提出した。毎年この時期に会計検査院長が首相官邸を訪れ、分厚い前年度の決算検査報告を首相に直接手渡すのが年中行事になっている。それによれば、昨年度の国の事業のムダは実に4907億円にのぼった。

その2日後、私は大阪に日帰りした。そこで開かれた日本裁判官ネットワークの例会に参加するためである。閉会に際して会員裁判官があいさつした。その中で彼は「裁判所の予算ってどれくらいかご存じですか」と謎をかけた。

答えは国家予算のわずか0・323%。額にして2988億7828万円あまりである。国のムダ遣いの6割程度でしかない。前年度は約3147億円であったから3000億円の大台も割りこんでしまった。国の浪費額にも及ばない微額で、三権の一翼だと胸を張れるのだろうか。

ところで、今年9月4日に最高裁大法廷は、婚外子の法定相続分を嫡出子の半分と定めた民法の規定を違憲とした。これを受けて、安倍政権は民法改正に乗り出さざるを得なくなった。

しかし、足元の自民党内を取りまとめる作業は難航した。同党の保守派議員が猛反発したのが原因である。

10月30日に開かれた参院自民党の勉強会では、「『不貞の子』をどんどん認めていいのか」といった婚外子への露骨な差別発言も飛び交った（11月4日付『北海道新聞』）。レベルの低さにあきれる。11月5日の自民党法務部会に至っては、「司法に対するチェック機能を強めるべきだ」などと司法の独立を侵しかねない意見まで出された（11月5日付共同通信配信記事）。

この暴論には、自民党が1960年代後半に展開した「偏向判決」キャンペーンを思い出してしまう。たとえば、1969年3月25日、当時の西郷吉之助法相は記者会見で「裁判所に対し何らかの歯止めが必要になった」旨の発言をした（3月26日付『朝日新聞』夕刊）。

司法はなめられている。なぜか。矢口洪一元最高裁長官はインタビューでこうこぼした。「日本が行政優位の社会だということです。それほど、行政官というのは偉いんです。（略）戦後の裁判所をご覧になって、『違憲立法審査権を、もっと行使すべきだ』とおっしゃるけれども、今まで二流の官庁だったものが、急にそんな権限をもらっても、できやしないです」（『矢口洪一オーラル・ヒストリー』政策研究大学院大学、142頁）。

確かに、戦前の裁判所は、司法行政上は司法大臣に服していた。2009年放送のNHKドラマ『気骨の判決』では、大審院長が司法大臣に頭を下げるシーンがある。裁判所には後ろ盾となる大臣も族議員もいない。予算折衝の最終段階である大臣折衝に裁判所を代表して臨むのは、最高裁事務総長である。「コンマ3」（0・323％）に甘んじている一因であろう。

11月20日に、2012年衆院選の一票の格差をめぐる最高裁判決が出される。またぞろ与党内から裁判所批判の声が上がるのか。矢口氏は先のインタビューで「『闘う司法』でなければ駄目です。それが、今後の司法だと思う」（279頁）と発破をかけている。一寸の虫にも五分の魂。二流ならぬ「コンマ3」官庁の気概をみせてほしい。

LATER ON 2013年11月20日の最高裁大法廷判決は「違憲状態」だった。最高裁は、2011年3月に2009年総選挙の小選挙区における2倍を超える「1票の格差」について、はじめて「違憲状態」の判断を示した。今回は2回目となる。その後、2014年総選挙についても2015年11月に3度目の「違憲状態」の判断が示された。「違憲」との伝家の宝刀を抜かないのは、抜いてしまうとそれがなまくらであることが露見してしまうのを恐れているからか。

12.13 —— #33

与党は質問時間を残して特定秘密保護法案を強行採決 これのどこが「良識の府」？

参院での特定秘密保護法案の質疑は、会期内に成立させるという結論ありきの消化試合に終わった。そのための特別委員会で、与党は質問時間を残して強行採決の挙に出た。「熟慮の府」「良識の府」が聞いてあきれる。

制度的に参院は党執行部の鬼門となる。衆院の場合、解散・総選挙はいつあるかわからない。そこで、公認権を握る執行部はそれを〝武器〟に党所属議員の投票行動を縛ることができる。採決で造反した議員は次の総選挙で公認しないと脅せる。一方、参院では選挙日程は決まっており、次の選挙は長ければ6年近くも先になる。その頃誰が執行部を仕切っているかわからない。従って、参院議員は執行部に「忠誠を誓う」強い動機に欠ける。

たとえば、衆院に小選挙区比例代表並立制を導入する法案は、参院本会議で当時の与党社会党の一部議員が造反票を投じたため、いったんは否決に追い込まれた。郵政民営化法案も参院本会議の採決にあたり与党自民党から造反票が出て否決された。小泉純一郎首相は解散・総選挙に突き進んでいく。

さて、特定秘密保護法案が参院本会議で採決された12月6日時点で、自民党所属参院議員は114人、公明党は20人であった。参院では記名投票で採決が行なわれたので、各議員の投票行動がわかる。自民は賛成110、棄権・欠席2、反対1。さらに同法案担当大臣の森雅子参院議員には投票権がない。公明は20人全員が賛成した。自民の棄権・欠席の2人は赤池誠章議員と有村治子議員で、いずれも病気欠席である。ただ1人反対票を投じた二之湯《にのゆ》智《さとし》議員は「ケアレスミス」なのだそうだ。

つまり、与党から造反者は事実上いっさい出なかった。彼らは1人として、この法案が自らの政治信条や良心にもとるものと考えなかったのだろうか。あるいは、昨年の総選挙と今年の参院選を経て、一挙に声高な存在となった自民党内の保守派から罵声を浴びるからと「自己検閲」したのか。

参院事務局が12月7日未明に発表した全議員の投票行動を、8日付『朝日新聞』だけが各党・各会派別にリストにして報じている。上記の票決情報はその記事による。これはすぐれた報道だと私は思う。今回の暴挙を非難する大見出しをいくつ並べようとも、客観的事実のもつ迫力にはかなわない。リストを目で追えば、賛成票を投じたのは「与党」という匿名の集団ではなく、個々の具体的な参院議員であることが実感できる。

平和の礎《いしじ》の前に立つと、沖縄戦の犠牲者が数ではなく、一人ひとりの実際の尊い死の集積だったことがひしひしと伝わってくるのに似ている。数は個に変換されると、想像力をかきたてられる。

私はこのリストを、特定秘密保護法全文とともに永代保存する。賛成した130人の一人ひとりが、同法がもたらす日本の将来に責任を負っている。執行部に従ったまでだという言い訳は通らない。その意味で、衆院本会議の採決を起立採決にし、各議員の投票行動を記録に残さなかったのは、後世から強く批判されよう。

待てよ。特定秘密保護法は時の権力にとって「不都合な真実」を隠すための法律だ。すると、衆院が下した〝英断〟は法律の精神を先取りするものだったのだ。その勘のよさに〝脱帽〟する。

LATER ON　２０１５年12月８日付『毎日新聞』は、特定秘密保護法案の閣議決定がなされる前月の２０１３年９月に、会計検査院が条文の修正を求めていたことを報じた。日本国憲法90条は「国の収入支出の決算は、すべて毎年会計検査院がこれを検査し」と定めている。一方、同法案には「我が国の安全保障に著しい支障を及ぼすおそれ」があれば、特定秘密に指定された書類を国会などに提供することを拒否できるとの規定があった。いわゆる拒否条項である。これでは秘密指定書類が会計検査に提出されない可能性が生じてしまう。検査院は憲法上問題があることを内閣官房に伝えた。しかし、法は修正されることなく成立した。内閣官房は検査院の懸念を払拭するため、各府省に対して法施行後もこれまでと同様に会計検査に応じる旨の通達を発すると約束した。ところがその通達はまだ出されていないというのだ。

この報道が効いたのだろう。内閣官房は２０１５年12月25日付でようやく通達を出した。当初両者が合意した通達案には、「検査院が特定秘密を利用するときには、『（秘密保護法が秘密提供をしなくてよい場合とする）我が国の安全保障に著しい支障を及ぼすおそれ』はないと解される」と明記されていた。つまり、会計検査院が特定秘密指定書類を利用する場合は、その「おそれ」はないとみなして提供するということだ。ところが、実際に出された通達にはこの一文は削除された（２０１６年１月13日付『毎日新聞』）。

２０１６年２月10日の衆院予算委員会で、安倍首相は「特定秘密について会計検査院が検査を求めたときに先ほど条項（拒否条項）をもってこれを提供しないことはおよそ考えられない」と答弁した。一方で、会計検査院への拒否条項の適用が法文上は「かからないということではありません」と留保をつけた。

岩城光英法相も2月22日の衆院予算委員会で、「我が国の安全保障に著しい支障を及ぼすおそれがない、法文上こういう適用がかかっておりますけれども、実務的には、具体的には適用されることはないということです」と答えた。民主党は答弁の不整合を追及した。その結果、政府は2月24日の衆院予算委員会理事会に「安全保障上著しい支障が生じる場合に提供を拒否できる、とする特定秘密保護法の条項を適用するか否かは「特定秘密の内容、入手の経緯のほか、保護措置の度合いなどによる」とする統一見解を示した（2016年2月25日付『毎日新聞』）。政府に裁量の余地を残したのである。

なぜこの問題が重要かといえば、戦前には軍機保護法を盾に会計検査が制約されて、軍事関係予算の野放しの膨張を阻止できなかったことがある。その反省に立って、憲法90条に「すべて検査し」と謳われた。そこにあいまいさを残してはならない。

2014 政治時評

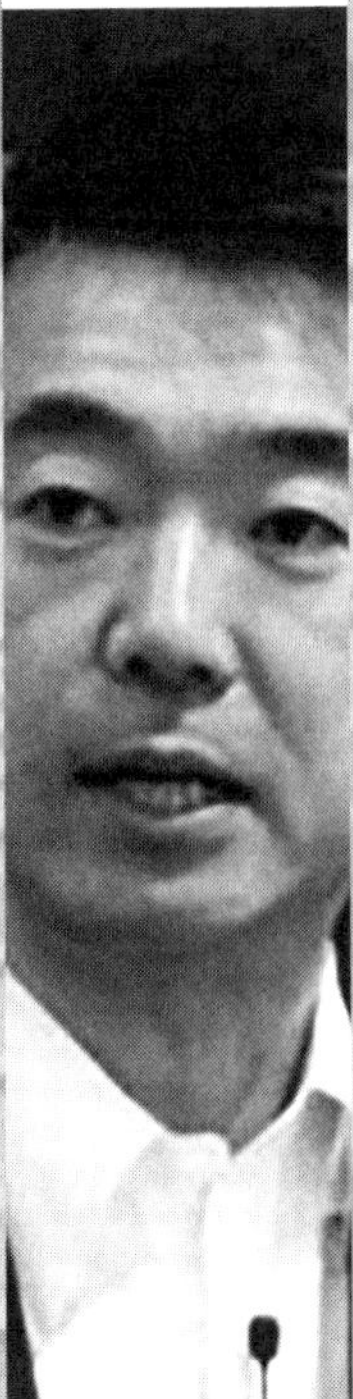

1.16 「慰安婦像設置に抗議する全国地方議員の会」所属の地方議員らが米カリフォルニア州グレンデールを訪問、従軍慰安婦を象徴する像の撤去を求める

2.7 ～ 23 ソチ五輪

2.9 東京都知事選挙で舛添要一が当選

2.25 TPP 協定交渉の閣僚会合で「大筋合意」断念

3.23 橋下徹前大阪市長失職に伴う大阪市長選挙で、再立候補した橋下徹が当選

3.27 静岡地裁、袴田事件の再審開始を決定

3.31 竹﨑博允最高裁長官が任期を残し退官

4.1 消費税が 5% から 8% に増税

4.1 防衛装備移転三原則が制定

4.7 渡辺喜美みんなの党代表、8 億円借入金問題を受けて党代表を辞任表明

4.16 韓国全羅南道珍島沖でクルーズ旅客船が沈没、死者は 295 人に（セウォル号沈没事故）

5.14 若田光一が 66 日間の国際宇宙ステーション船長の任務を終えて帰還

5.30 内閣官房に内閣人事局が設置

6.26 環太平洋合同演習に中国海軍が初参加

7.1 政府、集団的自衛権の行使を認める憲法解釈の変更を閣議決定

7.2 ネイチャー誌、STAP 細胞に関する論文を撤回

8.1 日本維新の会の石原グループが「次世代の党」、橋下グループが「日本維新の会」をそれぞれ結党

8.20 広島市北部で大規模の土砂災害

9.3 第 2 次安倍改造内閣が発足

9.27 御嶽山が 7 年ぶりに噴火、50 人以上が死亡

11.16 沖縄県知事選挙で翁長雄志が当選

11.21 衆議院解散

12.14 第 47 回衆議院議員総選挙で、与党の自民・公明両党が計 325 議席を獲得し勝利

12.15 衆院選で落選した民主党代表・海江田万里が代表を辞任表明

12.24 第 3 次安倍内閣が発足

1.24 ── #34

舛添氏が当選しその得票より細川・宇都宮両氏の得票数が上回る──これが最大の悪夢

「敵失」により降ってわいた東京都知事選挙。細川護熙《もりひろ》氏が立候補するなら、私は彼に投票しようと思う。当選者が1名の場合、bestでもbetterでもなく、less evilを選ぶほかないからだ。最大の悪夢は、舛添要一氏が当選し、その得票数より次点の細川氏と次々点の宇都宮健児氏の得票数の合計が上回ることである。

投票は「信仰告白」ではない。支持する政党が推す候補者に投票すれば道徳的満足感は得られよう。とはいえ、その候補者が落選しては実際の政策立案に何の影響も及ぼしえない。「うかってなんぼ」が政治のリアリズムなのだ。

宇都宮氏は共産党と社民党が推薦するという。共産党の志位和夫委員長は細川氏について、「都政を福祉と暮らし優先に転換する点や憲法、消費税問題などで政策が全て一致するとは思えない」と述べた（1月15日付共同通信配信記事）。「政策が全て一致」しなければ共産党は候補者を推薦しないのか。それは傲慢に聞こえる。一方、社民党では細川氏の出馬表明を受けて候補一本化の声も上がった。しかし、1月16日の常任幹事会はその実現が厳しいとして宇都宮氏推薦を確認した。

「ストップ・ザ・サトウ」――。1971年の都知事選で美濃部《みのべ》亮吉《りょうきち》知事はこのスローガンで再選を果たした。4年後も美濃部知事は石原慎太郎候補の猛追を振り切って三選される。社会党と共産党が推薦ないし支持する候補が都知事選で勝ったのはこれが最後である。事実上の負け戦をいつまで続けるつもりなのか。「ストップ・ジ・アベ」という喫緊の課題を前に、「健闘しましたが及びませんでした」（2012年12月17日付『しんぶん赤旗』）と自慰的に総括してまた済ませる気か。

石原氏といえば、1968年の参院選で全国区トップ当選を飾り政界入りした。71年の参院選後の議長選挙では「とにかく威張りくさっている重宗議長に一泡ふかせたら面白かろう」（『国家なる幻影』文藝春秋刊、164頁）と、他の有志の自民党議員とともに同党の河野謙三議員を候補に担ぎ出した。それに野党も応じた。共産党も独自候補を立てず「河野」と投じたのである。

選挙結果は、河野氏128票、重宗雄三議長の後釜に自民党執行部が立てた木内四郎氏118票。共産党の参院議員は当時10名であった。この10票がなければ河野氏当選も、のちに河野議長が乗り出す参院改革もおぼつかなかった。共産党の「英断」は参院を大きく変えたことになる。

実はこの参院選で、全国区の自民党公認候補として初当選したのが細川氏である。石原氏は自身の支持組織を総動員して「殿様候補」を支えた。これに懲りて遠ざかった石原氏は、「自分の能力の及ばぬある新しい認識や意見等に対して、前後のさしたる判断もなく簡単に飛び付いてしまう」（同154頁）などと「殿」を酷評している。だから今回も「乱心」して脱原発に飛び付いたのか。

ただ、オールド左翼丸出しのような結びで恐縮だが、レーニンはこう言っている。「あらかじめ不利だとわかっている戦闘を避けるために『迂回、協調、妥協』ができないような革命的階級の政治家は、ものの用にはたたない」（『共産主義における「左翼」小児病』国民文庫刊、90頁）

LATER ON 本稿をめぐっては2月7日号の投書欄に2本（A・B）、さらに2月14日号に1本（C）の厳しい批判が掲載された。投書Aはレーニンの言葉を引用したことに対して「社会主義革命も信じていない評論家が、このような言葉を弄ぶのは傲慢というしかない」と結ばれていた。「社会主義革命」とは信じるものなのですか？ 投書Bは「順番からいえば宇都宮氏が先に立候補を表明しているし（略）宇都宮氏と共産党・社民党に矛先を向ける姿は、私には「傲慢に」映る」と批判していた。「順番」よりどちらがより勝てる候補かが重要なのではないですか？

投書Cはまさにこの考え方が安易だとのお叱りである。「政策の吟味なく知名度のみによる候補一本化論議は、タレントの人気投票と変わりない」と。確かにそのとおりですが、私は前回2012年の都知事選で猪瀬候補に惨敗した宇都宮候補では支持が広がらないと判断したのです。

2月9日の都知事選の結果は、舛添候補が当選し、宇都宮候補が次点、細川候補が次々点の結果となった。宇都宮票と細川票の合計が舛添票を上回る「悪夢」は正夢にはならなかった。その6月に「都知事選の教訓を探ろう―得票分析から分かること―」との討論集会が開かれて、報告者を務めた。質疑応答で、「結局宇都宮さんが細川さんより票を取ったじゃないですか」などとつるし上げられた。「それは結果です」と言い返すのが精一杯だった。

その日の私の日記には「ヤジの応酬があったり、「そうだ!」とマイノリティを萎縮させるかけ声があったり、まるで株主総会」との感想が書いてあった。

2.21――#35

「変えてもいいということになれば変えちゃやだめということではない」と苦しい答弁

前回拙稿について、「傲慢なのはお前の方だ」など手厳しい批判をいただいた。今後、投票する際には読み返して参考にしたい。ありがとうございました。

さて、スペインの画家フランシスコ・ゴヤが、1799年2月に『ロス・カプリチョス（気まぐれ）』という痛烈な社会批判に満ちた版画集を出した。その中でとりわけ「いいぞ、いいぞ」と題された作品は興味深い。作品解説には「インチキ芸術家と愚かなパトロンの関係を諷刺している」とある（雪山行二編著『ゴヤ　ロス・カプリチョス』二玄社82頁）。

猿がギターを弾き、パトロンとおぼしきロバが聞き惚れている。しかし、よく見るとギターに弦がない。ギターを知らない猿ギタリストはギターを裏返しにして「弾いて」いるのだ。ロバもギターをそういう楽器だと思って、目をうっとりさせている。さらに見逃せないのは、ロバの背後で二人の男が笑いながら「いいぞ、いいぞ」と手を叩いている点だ。もちろん、二人は「真実」を承知の上で意味ありげに含み笑いしているのだ。

私にはこの版画が、いまの安倍晋三政権を諷刺する構図に見えて仕方がない。

2月12日の衆院予算委員会で、首相は〈憲法解釈を最終的に決めるのはおれだ！〉とばかりに立憲主義というギターを裏返しにして「弾いて」みせた。高い支持率がパトロン代わりで、裏返しを実は知っていて、「名演奏」にやんやの喝采を送る人びともいる。

ただ、「王権が絶対権力を持っていた時代」（2月3日衆院予算委員会での首相答弁）であろうとなかろうと、国家権力は放っておけば本能的に暴走する。それを縛るために憲法があり、そこから論理的に導き出される憲法解釈がある。この範囲内で法律が作られ政策が執行されるからこそ、恣意的な権力行使は抑止される。選挙の洗礼を受けたからといって、時の権力者の都合で解釈は変えられるものではない。

哀れに感じたのは、入院した小松一郎・内閣法制局長官の事務代理を務める横畠裕介・内閣法制次長である。内閣法制局参事官を5年務め、1999年からずっと内閣法制局幹部を歴任した筋金入りの内閣法制局官僚だ。その彼が、この2月12日には「従前の解釈を変更することが至当だとの結論が得られた場合には、変更することがおよそ許されないというものではない」とした上で、「一般論というのは事項を限定していない。集団的自衛権の問題も一般論の射程内だ」とまで答弁したのである（2月13日付『東京新聞』）。さぞ苦しかっただろうと胸中を察してしまう。

ところで、私はギターを習っていて、昨年12月に発表会があった。生徒の発表が終わると講師演奏で締めくくりとなる。私の教わっている先生は登場するなりギターを裏返して聴衆の度肝を抜き、「裏返し」演奏を披露してくれた。あとで伺ったところによると、ギターの裏を打楽器のように叩いて演奏するのは相当難しいのだそうだ。

先月24日から入院中の小松長官は今月中には退院の見通しという。退院後は首相と「裏返し」二重奏のレッスンに励むのだろうか。2006年に小泉純一郎首相（当時）がエルビス・プレスリー記念館を訪れ、ギターを弾く真似事をしたときほど簡単にはいかないぜ。

LATER ON　本稿第一段落の記述についてお叱りの投書をいただいた。3月7日号の投書欄に掲載されている。前号の記事への批判について「さらりと」流したのは「おかしなこと」ではないかと。「あなたは」宇都宮候補の出馬をあれほど批判したのに反省が足りないと。確かに結果責任は感じますが、あのときの意見が間違っていたとはいま

2014

も思っていません。

さて、その後もクラシックギターを習い続けていて、もう5年半にもなる。石の上にも3年というから、さぞかし上達したことだろうと思われるかもしれないが、さにあらず。まだ初級者の域を出ていない。70歳で職場を定年になるとき、退職のあいさつ代わりにギターを弾いてさよならしようと邪な考えではじめた。披露できるまでの腕前に達しているか。この調子では、と次第に心配になってきている。

3.21――#36

統治者目線の寺田逸郎判事は長官として裁判官を支配・統制するのにぴったりの司法官僚

「内心では、自分より偉い人はいないと思っています」。これは、先日の国会内の「場外乱闘」で一躍勇名をはせた小松一郎内閣法制局長官のことを指しているのではない。一昨年、依願退官した元裁判官が裁判官の意識について語ったものである。（『週刊現代』２０１４年3月22日号55頁）
さて、今月末日をもって竹﨑博允《たけさきひろのぶ》最高裁長官が「健康上の理由から」依願退官する。歴代最高裁長官のうち70歳の定年前に退職するのはこれが2例目になる。1例目の草場良八長官の場合、事務的理由から定年まで8日残して退官した。限りなく定年退官に近い。ところが、竹﨑長官の定年は7月なので、まだ3カ月以上もある。異例の退職で、これを〈最高裁が先手を打ち政権に考える時間を与えず、人事介入を防いだ〉と見るのはうがちすぎか。

後任は寺田逸郎最高裁判事に決まった。この閣議決定を発表した3月7日の官房長官記者会見では、「民事裁判官としての裁判実務と司法行政の両面で豊富な経験を有し」などと指名の理由が説明された。ただ実際のところ、彼は「民事裁判官としての裁判実務」に「豊富な経験を有し」てはいない。

寺田氏の経歴をみると、1974年4月に東京地裁判事補として任官したあと、81年4月に法務省に出向し、2007年7月に東京高裁判事に復帰するまで、26年間も行政官として勤務していた。08年9月にはさいたま地裁所長、10年2月に広島高裁長官、同年12月に最高裁判事になる。地裁所長、高裁長官は原則として法廷に出ないので、彼が「民事裁判官としての裁判実務」に携わったのは8年ほどにすぎない。そうした「異色の経歴」（3月6日付『東京新聞』夕刊）をもつ彼は裁判官というより司法官僚に映る。

同氏最大の業績は、法務省司法法制部長として裁判員制度の設計に携わったことである。実はこのとき最高裁事務総長として裁判所側のカウンターパートだったのが竹﨑現長官なのだ。タッグを組んで司法制度改革を推進した二人の間で、最高裁長官のバトンが引き継がれる。その点では「順当」な人事（3月7日付『朝日新聞』）なのだろう。

2014

冒頭の元裁判官は瀬木比呂志氏という。その新著『絶望の裁判所』（講談社現代新書）で彼はこう指摘する。「最高裁長官（略）の主な仕事は、司法行政の統轄、より直截にいえば、司法行政を通じて裁判所の職員全体、とりわけ裁判官を支配、統制することである」（86頁）

寺田氏は前回総選挙と同時に行われた最高裁裁判官国民審査にかけられている。このとき審査対象者は10人だった。それに先だって「国民審査公報」が発行され有権者に配付される。各裁判官とも「略歴」「最高裁判所において関与した主要な裁判」および「裁判官としての心構え」の3項目を記している。「心構え」は各裁判官の個性がわかっておもしろい。どの裁判官も有権者フレンドリーに、この部分は「です・ます」調を用いている。ところが、寺田氏一人だけは「である」調なのだ。それを読んだとき思わず「エラソーだな」と呟《つぶや》いてしまった。こういう統治者目線のにじむ御仁が最高裁長官に就く。偉さを錯覚する裁判官たちを「支配、統制する」にはうってつけの「最高司法官僚」に違いない。

4.18——＃37

集団的自衛権行使容認へ向け懐柔策に勤しむ安倍首相だが公明党の雲行きが変わった

この頃私は朝刊を開くと、安倍晋三《あべしんぞう》首相の前日の動向がわかる欄にまず目が行ってしまう。『朝日新聞』「首相動静」によれば、4月6日、首相は午前7時51分に神奈川県茅ケ崎市のゴルフ場に着いて、公明党の北側一雄《きたがわかずお》副代表らとゴルフをしている。日曜日の朝早くからご苦労なことだ。4月8日の午後6時35分からは、首相公邸で公明党の漆原良夫《うるしばらよしお》国会対策委員長らと会食している。

昨年8月に首相が慣例を破って小松一郎・駐仏大使を内閣法制局長官に起用してこのかた、集団的自衛権行使容認への憲法解釈変更が大きな争点となっている。公明党の山口那津男《やまぐちなつお》代表は当初、「なぜ変えるのか、どのように変えるのか、近隣諸国にどのような影響を及ぼすのかを丁寧に議論して国民の理解を得る必要がある」などと述べていた（2013年9月16日付『公明新聞』）。結局、最後は解釈変更へ舵を切っても言い抜けできそうな口ぶりだった。

ところが、高村正彦《こうむらまさひこ》・自民党副総裁が砂川事件の最高裁判決を持ち出して、限定的な集団的自衛権の行使は可能だと主張しはじめたあたりから、雲行きが変わった。

4月1日の記者会見で、山口代表はこの〝高村理論〟に対して、「政府は長年、行使は憲法解釈上禁止されていて、個別的自衛権で対応する方針をとってきた」と異を唱えた（4月2日付『公明新聞』）。3日の与党協議でも、公明党側は「砂川判決は集団的自衛権を視野に入れていない」との立場を表明し、〝高村理論〟が想定する限定行使の事例については「個別的自衛権の拡大で対応できる」と反論。加えて、山口代表は4日のテレビ番組収録で「党内は憲法解釈見直しの慎重論が大勢だ」と言い切った（4月4日付『朝日新聞』、4月5日付『読売新聞』）。

2014

池田大作《いけだだいさく》・創価学会インタナショナル会長の対談が毎号載る、創価学会系の月刊誌『第三文明』5月号（4月1日発売）には、「憲法解釈変更による集団的自衛権行使容認の暴挙を防ぐ」と題した阪田雅裕《さかたまさひろ》元内閣法制局長官のインタビューが掲載されている。

竹入義勝《たけいりよしかつ》・元公明党委員長はかつて「公明党・創価学会の関係は環状線で互いに結ばれているのではなく、一方的に発射される放射線関係でしかなかったように思う」と語った（1998年9月17日付『朝日新聞』）。これがいまも事実なら、あの『第三文明』記事は公明党にとって相当のプレッシャーだろう。

先の公明党幹部とのゴルフや会食はそれ自体が首相の目的であるはずはない。グリーンの上で、あるいは食事しながら、首相は公明党の懐柔を策したと思われる。だが、ここは首相の甘言に惑わされず、公明党に踏ん張ってほしい。

公明党は今年結党50周年を迎える。この間「平和の党」の理念をずっと貫いてきた。全国各地に創価学会○×平和会館（○×には地名が入る）が建てられている。私は帰省するたびに、駅から実家までの道すがら、必ず創価学会上越平和会館を車窓からみる。

阪田元長官は上記インタビューを「平和を掲げて活動されてきた創価学会の皆さん、平和と福祉を党是とする公明党の方々には（略）立憲主義を守る中心的な力になっていただけるものと確信しています」と結んでいる（37頁）。私もこの金看板を信じたい。

LATER ON この直後の2014年4月21日付『公明新聞』に、阪田雅裕『政府の憲法解釈』（有斐閣）と浦田一郎『政府の憲法九条解釈』（信山社）について私が書いた書評が掲載された。その最後に私は「平和と福祉を党是とする公明党には、この尊い積み重ねを蔑ろにする解釈変更を許さず、与党の良心としての存在意義を発揮してほしいと切に願う」と公明党に注文を付けた。その書評が載ったということは、同紙の編集幹部も党は解釈変更を容認しないだろうとみている証拠だと期待した。しかし、その見通しが甘かったことを2か月あまり後に思い知らされることになる。

2015年3月の北陸新幹線開業で帰省ルートが変わり、もう車窓から創価学会上越平和会館をみることはありません。

5.23——#38

安倍首相の集団的自衛権会見　論評にすら値しない猿芝居と横畠新法制局長官の変貌ぶり

安全保障の法的基盤の再構築に関する懇談会（安保法制懇）の報告書提出（5月15日）を受け、安倍晋三《あべしんぞう》首相は同日夕、勇躍記者会見に臨んだ。

「皆さんが、あるいは皆さんのお子さんやお孫さんたちがその場所にいるかもしれない。その命を守るべき責任を負っている私や日本政府は本当に何もできないということでいいのでしょうか」

こう説明する首相からみて右後ろに国旗、そのすぐ右前に「邦人輸送中の米輸送艦の防護」と題されたパネルがある。真ん中には、母親に抱っこされた赤ちゃんと母に寄り添う子どもの不安げな様子が描かれている。

視覚的に情緒を刺激し強迫観念を植え付けるとは、秀逸なセンスである。事の本質を隠蔽《いんぺい》する陳腐な手法は論評にすら値しない。

さて、その猿芝居開演の2時間前に、首相は小松一郎内閣法制局長官と会っている。以前より体調不良で辞意を伝えていた小松氏にねぎらいの言葉をかけたのだろう。そして、翌日付で首相は彼を退任させた。後任は横畠裕介《よこばたけゆうすけ》内閣法制次長である。

昨年8月の首相による小松氏の長官抜擢《ばってき》は驚きをもって迎えられた。それまで、長官には次長が昇格するのが通例だったからだ。ところが小松氏は、駐仏大使からいきなり長官に起用された。首相が宿願とする集団的自衛権行使容認に、小松氏が前向きであることがその理由だった。

単身で内閣法制局に乗り込んだ小松氏は、想像を絶する重圧の中病魔に冒され、在任はわずか9カ月余りに。その間、物議を醸した言動もあった。5月15日配信の時事通信によれば、「〔安保法制懇〕が集団的自衛権の行使を可能にするための憲法解釈変更を求める報告書を提出し、安保政策をめぐる議論が区切りを迎えたことから、小松氏交代を〔首相が〕決断した」という（〔　〕は筆者加筆）。

小松長官の下、内閣法制局は対策チームをつくり集団的自衛権行使を認めてこなかった従来の見解と、認めた場合の整合性を検討する「頭の体操」を行なってきた（4月6日付『日本経済新聞』）。その「体操」が済んでの勇退か。いずれにせよ、内部昇格が復活した。

横畠氏は第1次安倍内閣時代に安保法制懇が設置された折、「〔解釈変更を〕強引に推し進めれば辞表を出す」と当時の内閣法制局長官とともに硬骨漢ぶりを示した（『選択』2012年8月号、58頁）。だが、ついに彼も首相の軍門に降ってしまったのか。就任後、記者団に「論理的な積み重ねは大事だが、合理的な理由があれば、（憲法解釈を）変えることがおよそ不可能ではない」と語った（5月17日付『読売新聞』）。同日付『京都新聞』は〈「憲法の番人」陥落〉とさえ見出しを打った。

ところで、ジョージ・オーウェルの小説『一九八四年』の舞台「オセアニア」国では、支配政党の次のスローガンが役所の壁面に大書されている。「戦争は平和なり／自由は隷従なり／無知は力なり」

日本政府は「自衛隊は軍隊にあらず」としてきた。この矛盾をぎりぎりで糊塗《こと》していたのが、集団的自衛権行使を認めない憲法解釈だった。横畠新長官は「集団的自衛権の行使は個別的自衛権の行使なり」とでも「合理的」に強弁するつもりか。ならば「猿芝居は名芝居なり」としなければなるまい。

2014

LATER ON　歴代の内閣法制局長官も山口繁元最高裁長官も多くの憲法学者も、解釈変更容認反対で足並みをそろえた。その中で、横畠新長官は部外者の理解をはるかに超えるストレスに見舞われたことだろう。内閣法制局では参与会とよばれる会合が定期的に開かれている。長官経験者が集まって、現役幹部と意見交換を行うのだ。横畠氏はどのような心境でそれに出席していたことか。安倍政権は#73と#85に書いたような異例の人事を行って、横畠氏の労に報いることになる。

6.20──#39

集団的自衛権行使への大転換
一政権限りの憲法解釈変更を
内閣法制局が認めていいのか

内閣法制局が、集団的自衛権行使容認へ解釈を変更する閣議決定原案を了承したと6月11日に報じられた（同日付『沖縄タイムス』など）。その翌日、私はツイッターでつぶやいた。〈拙著『これでわかった！　内閣法制局』（五月書房）がもし2刷になった場合、「法の番人か？権力の侍女か？」というサブタイトルは「法の番人から権力の侍女へ」に変えます〉

すると、リツイートされるなどちょっと反響があった。

2009年から2年間、内閣法制局参事官補として同局に出向した仲野武志《なかのたけし》京都大学大学院教授は、その経験を背景にこう述べている。「仮に政策上の必要性があるとしても、政府限りで従来の憲法解釈を非連続的に変更することは原則として許されないと解すべきであろう。（略）一旦変更すれば際限のない政治的圧力に抗し切れなくなるからである」（「内閣法制局の印象と公法学の課題」『北大法学論集』第61巻第6号、188頁）。

飯島勲《いいじまいさお》内閣官房参与は6月10日、これを裏付けるかのような発言をした。「公明党と創価学会の関係は政教一致と騒がれてきたが、内閣法制局の発言の積み重ねで政教分離ということになっている」が、「法制局の発言、答弁が一気に変われば、『政教一致』が出てきてもおかしくない」（6月12日付『朝日新聞』）。

徴兵制についても、従来の政府の憲法解釈では「平時であると有事であるとを問わず（略）許容されるものではない」としてきた（1980年8月15日付政府答弁書）。とはいえ、「安全保障環境の変化」がまたぞろ持ち出されて、「許容されうる」と変わっても「おかしくない」。

『週刊プレイボーイ』6月23日号は、イラク攻撃およびアフガニスタン攻撃に加わった兵士の死者数の国別一覧表を掲載している（同52―53頁）。遠からずこの種のリストに日本も名を連ねる「栄誉」に浴するのか。となれば、自衛隊への志願者は激減し、それこそ徴兵制を敷かざるを得なくなる。

先日、京都で開かれたある研究会で、イラクのサマワに6カ月滞在した自衛官と同席した。続く懇親会で集団的自衛権行使の件を問われると、「現場のことを考えてほしい」と不満そう

2014

であった。

湾岸戦争後の1991年、海上自衛隊の掃海部隊が3カ月余りペルシャ湾で機雷除去作業に従事した。生命の危険と常に隣り合わせで、隊員たちは極度の精神的緊張を強いられた。8月の1カ月だけで胃と十二指腸用の薬が145日分も処方されたという（1991年10月30日付『朝日新聞』）。

集団的自衛権の行使を可能にして、戦時のホルムズ海峡に自衛隊を派兵しようというのか。現場への想像力が欠如している。

私のゼミ生がこの4月から海上自衛隊に入った。彼は卒業の折、「憲法9条を守るため自衛隊に入る」と言い残して、広島県江田島へ旅立った。即座に、吉田茂首相（当時）が防衛大学校1期生の卒業式で訴えた「日蔭者」の誇りを思い出した。吉田は言った。「君たちが『日蔭者』であるときの方が、国民や日本は幸せなのだ。耐えてもらいたい」（杉山隆男『自衛隊が危ない』小学館、44頁）と。

サッカーW杯の隙に「日蔭者」を日向に出す国是の大転換が「政府限り」でなされつつある(>_<)。

LATER ON 翌月7月1日に、安倍政権は憲法解釈を変更して集団的自衛権行使を容認する閣議決定を行った。それが「国の存立を全うし、国民を守るための切れ目のない安全保障法制の整備について」である。7000字近いこの閣議決定文で「集団的自衛権」は実質上1回しか出て来ない。

「現在の安全保障環境に照らして慎重に検討した結果（略）我が国と密接な関係にある他国に対する武力攻撃が発生し、これにより我が国の存立が脅かされ、国民の生命、自由及び幸福追求の権利が根底から覆される明白な危険がある場合において、これを排除し、我が国の存立を全うし、国民を守るために他に適当な手段がないときに、必要最小限度の実力を行使することは、従来の政府見解の基本的な論理に基づく自衛のための措置として、憲法上許容されると考えるべきであると判断するに至った。（略）憲法上許容される上記の「武力の行使」は、国際法上は、集団的自衛権が根拠となる場合がある。」

すなわち、政府としては憲法解釈を変更したという認識には立っていない。従来の憲法解釈を「現在の安全保障環境」に「当てはめ」たにすぎない。ただ、国際法上からみれば、その「当てはめ」が集団的自衛権の行使容認とみなされないわけでもない、というのである。とはいえ、他国に対する武力攻撃を自国に対する武力攻撃と同列に扱うことはできまい。従来の憲法解釈の「当てはめ」を変えたにすぎない、いわば解釈の解釈を変えただけだと強弁するのは、本質の矮小化もはなはだしい。

2014

7.18——#40

元首相たちの責任感
安倍首相は心に刻め

安倍晋三内閣が集団的自衛権の行使容認を閣議決定した7月1日、小泉純一郎元首相は城南信用金庫のシンクタンク「城南総合研究所」の名誉所長に就任した。城南信金は、脱原発を「社是」とする金融機関として知られる。

これに先立つ5月7日には、小泉氏は細川護熙《ほそかわもりひろ》元首相とともに、脱原発を目指す一般社団法人「自然エネルギー推進会議」を発足させた。賛同人には城南信金の吉原毅《よしわらつよし》理事長も名を連ねる。

小泉氏が脱原発に転じた契機は、もちろん東京電力福島第一原発事故である。彼は2011年5月28日に行なった講演で、「自民党政権時代にも原発の安全性を信用して推進してきたが、過ちがあった」と反省を口にした。そして、「原発が絶対に安全かと言われるとそうではない。これ以上、原発を増やしていくのは無理だと思う」と言葉を継いだ（同年5月29日付『毎日新聞』・『朝日新聞』）。

2012年12月の総選挙に際しては、自民党候補の応援演説の中で「原子力発電をできるだけゼロに近づけなければならない」と語りかけた（同年12月15日付『朝日新聞』）。その後、2013年10月には、「今こそ原発をゼロにする方針を政府・自民党が出せば、世界に例のない循環型社会へ結束できる」と主張をエスカレートさせている（同年10月2日付、同紙）。同年8月に、フィンランドの核廃棄物最終処分場オンカロを視察したことが背景にあった。

このように、小泉氏は「増設は無理」→「できるだけゼロ」→「今こそゼロ」と徐々に信念を強めていった。さらに、２０１４年2月の東京都知事選を、「原発ゼロ」を掲げて細川候補とともに戦った。

実は、小泉氏は首相として２００５年1月25日の参院本会議で、原発施設の防災対策を質され、「国内の原子力発電施設について、地震や津波が発生した際に放射線漏れなどの事故を起こすことがないよう設備の耐震性の強化を図っているほか、津波により海水が引いた場合にも冷却水を提供できるような措置を講じております」と答弁していた。

小泉氏は歴代政権の原発推進政策のみならず、自らの発言にも責任を感じて、行動に駆り立てられているのではないか。ドイツの社会学者マックス・ウェーバーは、政治家にとって決定的な三つの素質の一つに責任感を挙げている。

１９７５年12月、補正予算編成にあたって、大平正芳《おおひらまさよし》大蔵大臣（当時）は禁じ手とされてきた赤字国債を戦後はじめて発行した。大平氏はこの掟《おきて》破りにずっと責任を痛感し、首相に就任すると一般消費税の導入を目指す。その信を問うた総選挙で自民党は敗北した。窮地に追い込まれた大平首相は、やがて悲劇的最期を迎える。

一方、鳩山由紀夫氏は首相在任中、普天間飛行場移設について「最低でも県外」と発言して自滅していった。その彼が政界引退後に設立した東アジア共同体研究所は、２０１４年４月に

「琉球・沖縄センター」を那覇市内に開設した。同年5月の開設記念シンポジウムの後、彼は「国外移設の可能性は十分にある」などと述べて、沖縄の民意にあわせて活動していく決意を表明している（同年6月1日付『琉球新報』）。

3人の元首相が行動で示した責任感を、「画期的英断」をした現首相は深く心に刻むべきだろう。

8.22 ——＃41

「終戦の日」に思う 議員バッジと高校野球

「終戦の日」前後にテレビをみながら、「こんなモノいらない」と痛感したことが二つあった。

その一。今年の「終戦の日」にもまた、「みんなで靖国神社に参拝する国会議員の会」が靖国神社に集団参拝した。今年は衆参あわせて84人の国会議員だった。「弱い奴ほど群れたがる」「猛暑のなか黒ずくめでゴクローサン」などと私は心の中で毒づいた。

ふと、彼らの胸元に目がいった。そこには「国会議員でござい」とばかりに議員バッジが光っている。「こんなモノいらない」のではないか。「選良なんだから特別扱いしろ」と無言で周囲を威圧してくる。身分証明のためならＩＤカードで十分なはずだ。だが、それでは彼らの虚栄心は満たせない。選挙を勝ち抜いた自分の栄光を誇示するには、議員バッジは最高の示威装置なのだ。

ところで、小泉純一郎首相（当時）の意向で自民党が国会改革に重い腰を上げたのは、2006年2月のことである。それに先立つ同年1月に、同党の太田誠一党改革実行本部長（当時）が自ら属する派閥の総会で、議員バッジ不要論を唱えた。その終了後、太田氏は記者団に「国会議員でバッジをつけているのは日本と韓国ぐらい。アジア的後進性の象徴とさえ言える」と語った（06年1月28日付『朝日新聞』）。

このとき太田氏は、ノーバッジでも「議員の顔も分からない（国会の）衛視は辞めさせればいい」とまでまくし立てたという（同年3月29日付『東京新聞』）。結局、太田提案は、国会改革論のテーマとして党内で公式に検討されることはなかった。こうした鼻持ちならない「選良」意識をもつ議員が旗振り役では、議論が頓挫《とんざ》したのも当然である。

その二。夏の甲子園をみていて気づいたことがある。打者走者の1塁ベースへのヘッドスライディングは「いらない」。迫力はあるが、実際には駆け抜けた方が速い。それが非合理なプレーであることを、指導者は根拠をもって教えるべきだ。

少し別の見方をしてみよう。ヘッドスライディングでユニフォームは甲子園の土にまみれる。いわば「聖なるユニフォーム」へと昇華するのだ。それでワンナウト＝「一死」は報われる。この「補償」のからくりは、あの非合理に満ちた戦争による犠牲者を「英霊」として合理化する靖国神社のレトリックとどこか通底していないか。集団参拝にはせ参じる国会議員たちは、きっと高校野球の「殉死」の美学にしびれるのだろう。

2014

さて、冒頭に「終戦の日」と書いた。実は私は「8・15」を「敗戦」とよばず「終戦」と称するのは事実の隠蔽《いんぺい》だとずっと考えてきた。ところが、昨年死去した経済人の品川正治《しながわまさじ》氏の本を読んでその考えが変わった。品川氏はこう記す。「私は敢えて「終戦」で結構だと言いたい。この戦争が終わったという意味で「終戦」というのではない、日本は二度と戦争はしない、未来永劫、戦争はしない、二度と他国に兵を出さない、という決意の表明として「終戦」と呼ぼう」（品川正治『戦後歴程』岩波書店、15頁）

憲法9条を「こんなモノいらない」とする政権に、この至言をヘッドスライディングばりの迫力で突きつけたい。

LATER ON 翌月9月8日付『東京新聞』に私の投書「球児の多投は健康配慮して」が掲載された。実は2002年8月にも「夏の甲子園なんてきらいだ」と題して『産経新聞』の「談話室」欄に投稿したが、没になってしまった。「今年も夏の全国高校野球がはじまった。わたしはこれがあまり好きではない」と書き起こして、「（高校野球の所作は）軍国主義そのものに映る。これを主催しているのが、朝日新聞社であるところが、ブラックユーモアである。そういえば同社の社旗は、旧軍の軍艦旗などとして使われた旭日旗に似ている」と皮肉った。載ると思ったんだけどなあ。http://www.kisc.meiji.ac.jp/~kokkaron/column/koushien.html で全文読めます。

9.19――#42

政権運営、好事魔多し 安倍首相の外遊三昧

時計の針を約2年前に戻してみる。２０１２年9月26日の自民党総裁選でいまの安倍晋三首相が当選した。1カ月後の10月29日に臨時国会が召集され、31日の衆院本会議で安倍総裁が就任後初となる代表質問を行なった。その際、議長に指名された安倍総裁は、自席からやや小走りに議場の階段を下り、軽やかに演壇へと駈け上がった。健康をアピールしたい意図がみえみえだった。

体調不良で政権を投げ出した安倍氏にとって、首相の座を再び射止めるための周到な演技だったのだろう。この臨時国会で解散・総選挙となり、12月26日に安倍氏は念願かなって首相に返り咲いた。その後、首相は第1次内閣時には1回のみだったゴルフに27回も出かけている（9月7日付『朝日新聞』）。これにも「健在証明」の含みがあると考えられる。

さて、5人の女性閣僚を配した第2次安倍改造内閣が今月3日に成立した。内閣支持率はほとんどの調査で改造前より高くなり、南アジア2カ国歴訪の旅から帰った首相は余裕綽々《しゃくしゃく》に違いない。とはいえ、好事魔多しである。

『週刊ポスト』9月5日号は首相の頻繁な歯科通いを取り上げている。7月後半から回数が増

2014

え、8月には9日の間に4回もかかっているという。内閣改造前日の9月2日にも、午後一番で衆院第一議員会館内の歯科診療室で治療を受けた（9月3日付『朝日新聞』「首相動静」欄）。『週刊ポスト』9月12日号は続報として、専門医の見立てを載せている。首相の持病である潰瘍性大腸炎を抑える薬のために免疫力が低下し、根尖性《こんせんせい》歯周炎などの重篤な病気を引き起こしているのではないか、と。

首相のそんな体調に気遣う様子もなく、外務省は「地球儀を俯瞰《ふかん》する外交」とかで、首相を次々に外国へ送り出してきた。就任600日あまりですでに49カ国を回った。これは、在任1980日で48カ国を訪れた小泉純一郎首相（当時）の記録を早くも超えるもので、歴代首相で最多の外遊歴となった（9月6日付『朝日新聞』）。時差もあり気候も異なる外国訪問は体力を相当消耗するはずだ。これも免疫力低下につながろう。

ところで、若くはつらつとしたイメージのまま凶弾に倒れたケネディ米大統領は、実は極度の体調不良に悩まされていた。1961年8月の罹患記録には、9日「胃部の不快感」「軟便」「さし込み」、11日「朝五時に腹痛」、23日「激しい下痢」と「大腸菌による尿路感染症」発覚とある。そして、「健康問題のなかでも最も大きいのが腰痛であった」（ダレク『JFK　未完の人生』松柏社、578—579頁）。ケネディの痛々しい松葉杖姿の写真には息をのむ。

1963年11月22日、ケネディは2発の弾丸を浴びている。しかし1発目は急所をそれた。2発目が頭に命中し落命したのだ。腰痛を抑えるため「コルセットときつく巻いた包帯のせいで、その身体は前に折れ曲がらなかった」（オライリー他『ケネディ暗殺　50年目の真実』講談社、2

99頁)。1発目を受けて瞬時に身を屈めることができれば、あるいは助かったかもしれない。コルセットの装着が命取りになった。

安倍首相が暗殺されることなどよもやあるまい。しかし、歯牙《しが》にもかけないような小事が政権の思わぬ命取りになる。

LATER ON 安倍首相は今年に入って、2月27日、3月13日、4月4日、23日、6月5日、22日、29日、7月5日、23日、26日、8月1日、6日、そして29日と東京・飯田橋駅近くの日本歯科大附属病院で歯の治療をしている。それまでは衆院第一議員会館の歯科診療所での治療がほとんどだった。当然通院には余計時間がかかるから、歯科診療所では手に負えないほどに病状が悪化したのだろうか。お大事に!

10.17――#43

言論空間の萎縮広がる いま試されている勇気

言論空間の萎縮が進んでいる。

例の「慰安婦」報道に携わった元朝日新聞記者が非常勤講師として勤務する大学に、退職を求める脅迫状が2回も送りつけられた。インターネット上では本人ばかりか長女の実名、さらには自宅の電話番号までが、「国賊」「売国奴」といった言葉とともに晒されているという（10月7日付『朝日新聞』）。卑劣きわまりない行為だ。この元記者は、今年4月に採用予定だった関西のある大学から雇用契約を解消された。

漫画家の小林よしのり氏は、跋扈《ばっこ》する「嫌韓反中」の武断的な言説について、「『日本人であるだけですごい』と言っているだけです。何事もなしえない非力な自分を全面的に肯定してくれるから無邪気に喜んでしまう」と解説する（9月4日付『朝日新聞』）。元記者を襲った「言論封じのテロ」（10月2日付『産経新聞』）も類似の屈折した感情の表れだろう。

「梅雨空に『九条守れ』の女性デモ」——さいたま市の三橋《みはし》公民館の俳句教室で選ばれたこの句が、公民館の月報「公民館だより」への掲載を拒否されたことが今年7月に判明した。公民館を所管する市教育委員会は「世論を二分しているものは月報にそぐわない」と主張したそうだ。百歩どころか一万歩も譲ってこの基準を受け入れるとしても、「世論を二分している」かどうかはだれが決めるのか。

俳句といえば、「昇降機しづかに雷の夜を昇る」という句を詠んだ俳人が、1940年8月に特高警察によって検挙された。特高はこの句を「雷の夜すなわち国情不安な時、昇降機すなわち共産主義思想が昂揚するという」と想像力豊かに判断した。当の俳人は「呆れかえって笑うにも笑えなかった」（田島和生《たじまかずお》『新興俳人の群像』思文閣出版、145―146頁）。

私の勤務先でも萎縮を思わせる出来事があった。今年6月、明治大学を会場に開催が予定されていた「安倍政治と平和・原発・基地を考える緊急集会」について、開催一週間前になって大学側が会場の利用を拒否した。大学側の言い分は「学生の安全を第一に考えた」。この一件以来、私は研究会の会場使用の申請書を大学の担当部署に出すたびに、「ドタキャンされるのでは」と不安になる。

憲法に関する講演などの後援依頼を自治体や教委が拒否する事態も各地で起きている。そんな中ようやく朗報に接した。千葉県白井《しろい》市の「しろい・九条の会」が今年2月に催した憲法イベントを、後援申請された市教委は不承認とした。ところが、同会が11月に開く予定の講演会は後援する方向とのことだ（10月8日付『東京新聞』）。

「私は君の意見に賛成しない。しかし君がそれを言う権利は命を賭けても守る」。ヴォルテールの格言とされるこの覚悟こそ、寛容な言論空間を担保する心性である。

話は変わるが、若松孝二監督の映画『実録・連合赤軍　あさま山荘への道程《みち》』（２００７年）のラスト近くで、山荘に立てこもったメンバー5人のうち最年少の16歳の「兵士」が、他の4人に向かって「勇気がなかったんだよ」と絶叫するシーンがある。「空気」を読み、だれも異議を唱えない勇気の欠如が、「総括」の負の連鎖を断ち切れなくさせた。勇気と萎縮とは表裏の関係だ。

いま、勇気が試されている。

LATER ON　本文中の「昇降機」を詠んだ俳句にかみついた特高に負けず劣らず想像

力豊かな国会議員がいる。自民党の赤池誠章《まさあき》参院議員である。

２０１５年12月にアニメ映画『ちびまる子ちゃん　イタリアから来た少年』が公開された。イタリア人少年がまる子の家にホームステイして友情が育まれていく物語である。公開前に、文科省は配給会社と提携して、「友達に国境はな〜い！」とよびかけるメッセージを載せたポスターを全国の学校に配った。赤池議員は同年12月３日付の自身のブログに「私は、このポスターを見て、思わず仰け反りそうになりました」と書き込んだ。彼は第２次安倍改造内閣から第３次内閣までの約１年間（２０１４年９月４日〜２０１５年10月９日）、文部科学大臣政務官を務めた。その政務官時代に、文科省の役人たちに「国家公務員として、それも国家の継続を担う文科行政を担う矜持を持て。国際社会とは国家間の国益を巡る戦いの場であり、地球市民、世界市民のコスモポリタンでは通用しないと機会あるごとに言ってきた」のだという。ブログは「国家意識なき教育行政を執行させられたら、日本という国家はなくなってしまいます。／文科省の担当課には、猛省を促しました」と結ばれる。

まともに反論するのもばかばかしいが、国境は主権国家間に存在するのであって「友達」間には存在しえない。先のキャッチフレーズは論理的に正しい。こんなトンデモ極右議員の抗議に対応しなければならない文科省の役人たちに、深く同情する。そして、彼らの萎縮を強く憂慮する。

それを示唆するかのように、赤池議員の照会をきっかけに、文科省は前川喜平元文科事務次官が名古屋市内の中学校で行った授業を執拗に調査した。霞が関には「忖度」どころか「上からの指示はやるしかない」という「絶望感」が漂っているらしい（『AERA』2018年4月30日／5月7日合併号、14頁）。

11.14――#44

前のめりの安倍首相 日本中心主義の妄想

安倍晋三首相が11月9日から17日までの長期外遊に出かけた。首脳外交では極度の緊張を強いられよう。その反動からか幕間で思わず本音を漏らすことがある。旧聞に属する話になるが、首相は9月25日午後（現地時間）、ニューヨークで行なわれた内外記者会見の冒頭、「日本が、再び、世界の中心で活躍する国になろうとしている」と述べた。

「再び」とは何を意味していようか。首相の歴史認識の本音が透けてみえる。一方で、首相と、作家の百田尚樹《ひゃくたなおき》氏の共著に『日本よ、世界の真ん中で咲き誇れ』（ワック）があり、首相が抱く日本中心主義の妄想も相当なものである。

先日、ひょんなきっかけで江戸時代中期の国学に関するレクチャーを聞く機会があった。講師は当時の国学者たちが抱いた妄想を解説してくれた。それによれば、彼らは日本を皇御国《すめらみくに》、

2014

すなわち天皇《すめらみこと》が支配する優れた国であると主張した。その代表的論者である本居宣長《もとおりのりなが》は、日本が世界の中心であることを根拠づけようとした。たとえば、宣長の『漢字三音考《かんじさんおんこう》』に収められている「皇国ノ正音」には、次のような記述がある。

「懸《かけ》マクモ可畏《かしこき》天皇ノ尊《たふと》ク坐《まし》マスコト。天地ノ間ニ二ツナクシテ。万国ノ大君《おほきみ》ニ坐《まし》マセバ。異《あだし》国々《くにぐに》ノ王等《ども》ハ。悉《ことごと》ク臣ト称ジテ。吾御国ニ服事《つかへまつ》ルベキ理リ著明《いちじる》シ。」（国立国会図書館「近代デジタルライブラリー」・旧字は新字に改めた）

つまり、口に出して言うことも畏《おそ》れ多い天皇は尊く、天と地の間に二つとなく、万国の大君主であって、異国の王たちはみな天皇の臣下と称して、日本に仕えるのが道理であることは明らかだ、というわけである。なぜ天皇がそれほど尊いかと言えば、天上界の支配者である天照大神の子孫として地上界に降臨したからだ。

宣長とともに国学の四大人《したいじん》の一人に数えられる平田篤胤《ひらたあつたね》は、『古史本辞経《こしほんじきょう》』を著《あらわ》した。同書を『広辞苑』で引くと、「国語が万国にまさっている所以《ゆえん》と五十音図の価値および五十音の各行にわたって一字ずつ音義を説く」と出ている。レクチャーの中でその講師は、『古史本辞経』掲載の「神代文字《じんだいもじ》」で記された「五十音訂正図」を資料として提示した。この文字がハングルに似ていることは一目瞭然だった。これでは「万国にまさっている」こととつじつまが合わない。そこで、神代文字からハングルが派生したと説明されたという。

神代文字とは漢字の渡来以前に使われ、神代から伝えられたと言われる文字である。この時代から文字があったとすれば、国語の優位性を証明する上で好都合なのだ。篤胤はその存在を認めたが、「古代の確実な遺例がなく（略）現今ではすべて後代の仮託のものとする」（『日本国語大辞典』）。

ところで、政治学者の久米郁男《くめいくお》早稲田大学政治経済学術院教授は近著で、「強い規範的主張を（略）持っている場合、分析の不充分なまま、前のめりに結論を急ぐまちがいを犯すことが往々にしてある」（『原因を推論する』有斐閣、236頁）と指摘する。

日本は世界の中心であるべきだという「強い規範的主張」は、国学者たちを「前のめり」にさせなかっただろうか。そして、同様の「前のめり」が今日の日本を覆う気分ではないのか。それに陶酔した首相の「再び」発言は、あまりに過去に無反省すぎよう。

LATER ON 本文冒頭にある長期外遊中に、安倍首相は解散を決断したことになっている。「安倍首相は10日、消費税率の10％への引き上げを先送りする場合の衆院解散・総選挙の日程について、早ければ、一連の外交日程を終えて帰国する17日から数日以内に解散する方向で検討を始めた」（2014年11月11日付『読売新聞』）。もちろんそんなわけはなく、外遊前に決めていたことだろう。外遊直前の11月7日のBSフジの番組に出演した首相は、「解散について首相に聞けば『考えていない』と言うのが決まりだ」と意味深長な発言をしていた（11月8日付『同』）。

10月20日、小渕優子経産相と松島みどり法相がダブル辞任した。政権への大打撃になると思いきや、内閣支持率はさして下がらなかった。公明党は2015年10月に予定されている消費税率の10%への再引き上げの先送りを望んでいる。これは解散の大義名分になる。10月28日付『産経新聞』は「安倍晋三政権内に、年内に衆院解散・総選挙を断行すべきだとの声が出てきた」と報じた。この1週間で首相は解散の意思を固めたのではないか。

ただ、天皇の国事行為を定めた憲法7条を根拠に首相が無制約に解散権を行使してよいのか。すでに1952年6月17日に、当時の国会法に基づいて国会に設置されていた両院法規委員会は「解散は、いやしくも内閣の恣意的判断によってなされることのないようにせねばならない」と勧告している。このときの解散も2017年の解散も、この点に照らして妥当性が厳しく問われなければならない。

12.12――#45
投票には必ず行って一票を有効に使おう

今年のサッカー・ワールドカップでブラジルがドイツに大敗した翌日、それを伝えるブラジルのあるスポーツ紙がほぼ白紙の紙面を発行したことがあった。

12月4日の朝刊各紙は総選挙序盤の情勢として、自民党300議席超えを報じた。それを読んで虚脱感のあまり、私は大学院の授業で「次の『政治時評』の担当号が総選挙投票日の前々日なんだけど、書く気になれない。ブラジルの新聞みたいに白紙で原稿を出そうか」と院生にぼやいた。

ところが、『日刊ゲンダイ』12月8日号（発売は6日）の見出し「この選挙で民主主義は消えて亡くなる」を見て、心を奮い立たせた。「大敗」の結論は早計だ。

煎じ詰めれば、あさっての総選挙の目標は自民・公明両党の議席をいかに減らすかに尽きよう。そのためにはどうしたらいいのか。

言うまでもなく、小選挙区制では相対多数の票を得た候補者1人が当選して、それ以外の候補者に投ぜられた票は死票となる。

２０１２年の前回総選挙における３００の小選挙区での当選者の得票率を調べてみた。当選者が50％以上を得票した小選挙区は１１２である。引き算すれば、１８８の小選挙区では当選者の得票より、落選者の得票数合計のほうが多かったわけだ。安倍晋三政権のこれ以上の暴走を阻止したい有権者なら、小選挙区の投票に際しては、この点を理解した戦略的投票に徹するべきだろう。

前回総選挙の小選挙区で、比例復活当選者がおらず、自公いずれかの当選者1人のみの選挙区は１７５あった。そのうち、59の選挙区では共産党候補者を除く非自公候補者の得票数合計が当選者を上回っている。22の選挙区では共産党候補者の得票数を加えれば、当選者の得票数をしのいでいた。

すなわち、数字の上ではこの合計81議席は非自公候補者が獲得できた可能性があったのである。そうなったと仮定して、それ以外は実際の獲得議席数を用いて試算してみる。自公両党の総獲得議席３２５から81議席減となるから、両党は２４４議席にすぎない。過半数の２４１議席に3議席多いだけである。安定多数にはほど遠い。これなら、第2次安倍政権が誕生したのは避けられなかったとしても、首相は２０１３年の参院選以降顕著になった強引な政権運営など、とてもできなかったはずだ。

さて、村山富市《むらやまとみいち》元首相は衆議院議員として通算8回当選している。中選挙区時代はすべてトップ当選である（最後の１９９６年総選挙は小選挙区で当選）。だが、当選3回で迎えた80年6月22日の衆参同日選では次点に泣いた。その「序盤の情勢」として6月5日付『朝日新聞』は、「混戦の中から抜ける村山」と見出しを打った。これで、今回も安泰だと本人も陣営も油断して７４０票差で落選した。

選挙では何が起こるかわからない。森喜朗《もりよしろう》元首相の金言がある。「火事は最初の5分、選挙は最後の5分」。前出の『日刊ゲンダイ』は言う。「『民主党政権はもうコリゴリ』という有権者は多いだろうが、今回の選挙で民主候補が全員当選しても過半数には届かないのだから、民主党政権になることはない。安心して、どんどん野党に投票すればいいのだ」。棄権は自公体制への白紙委任を意味する。投票には必ず行こう。そして、1票を戦略的に有効に使おう。

LATER ON 小選挙区では野党も戦略的に行動すべきである。極論すれば、どこまで共産党が小選挙区で候補者を擁立せずに、より強い他党の候補者を支援できるかが鍵だと思っていた。2017年総選挙で共産党はすでに候補者を内定していた50を超える小選挙区で、候補者を取り下げた。私の住む東京18区もその一つで、立憲民主党の菅直人候補がわずか1046票差で自民党の現職を振り切った。菅候補は比例区にも重複立候補していたので、立憲民主党の比例区での当選者も1人増えた。共産党の戦略のおかげだろう。ただ、私が実感した限りでは、共産党は選挙運動に明らかに力が入っていなかった。自前の候補者を擁立している場合は、朝の駅頭で党員がそれこそまなじりを決してビラ配りをしていた。しかし、今回はその真剣さを感じなかった。うるさいほど回ってくる選挙カーもさして来なかった。第一線の活動家にとっては士気が上がらないのだろう。選挙協力のむずかしさについて、そこまで想像力が及ばなかったことを反省したい。

12.19——#45.5

「気づいたら」一党支配

自公両党で326議席とは「安倍一党支配」とも言うべき奇観である。周到にも、『産経新聞』は総選挙2日前に選挙後の改憲戦略を報じた。そこで思うのは、麻生太郎副総理の「気づいたら（略）ナチス憲法に変わっていた（略）あの手口に学んだら」という昨年7月29日の発言だ。この発言は今回の戦後最低の投票率に通じる。

1932年のドイツ国会選挙で、ナチスは2年前の107議席から230議席へ議席倍増させ第一党に。共産党も77議席から89議席へと躍進する。翌年1月、ヒトラーが首相に就任し、ワイマール共和国は終焉《しゅうえん》した。

ドイツ史研究の泰斗《たいと》で自民党参院議員も務めた林健太郎の総括は示唆に富む。「ナチスを支持した多くの人々が彼らの悪魔的性質を見誤っていたというのは事実であろう。（略）しかし彼らは（略）社会と人間の存立のために最も重要なものが何であるかを認識することを忘れた。そしてそれを破壊するものが民主主義の制度を悪用してその力を伸ばそうとする時には、あらゆる手段をもってそれと闘わなければならぬということを知らなかった。それがヒトラーを成功させた最大の原因である」（『ワイマル共和国』中公新書）。

麻生の祖父、吉田茂元首相の述懐も傾聴に値する。「過激分子は極《ご》く少数ではないかとさえ思われる。戦前のわが軍部においても、極端なる軍国主義者、侵略主義者はそれほど多くはなかった。（略）少数過激なる軍閥が、全軍を動かし国民を無謀なる戦争に追い込んでしまった」（『回想十年 2』中公文庫）。

安倍晋三首相のネオコン親衛隊も「極く少数」なのだろう。彼らが巨大与党を動かして無謀な道へと国民を再び導かぬよう、私たちは林の至言を心に刻むほかない。焼跡闇市派作家の野《の》坂昭如《さかあきゆき》は「生き残りの愚痴」を、「近頃あの時代の空気そのままに甦ろうとしている気配がある。多分、間違ってはいない」と書いた（2014年6月10日付『毎日新聞』）。

LATER ON　2014年12月14日に行われた第47回衆院総選挙の結果を受けて、「政治時評」を担当している4人がそれぞれ800字程度の短評を寄せた。

2015 政治時評

1.7 仏パリの風刺週刊紙「シャルリー・エブド」社をイスラム過激派テロリストが襲撃し、12人を殺害
1.18 岡田克也民主党代表代行が同党代表に選出
1.20 イスラム過激派組織 ISIL がインターネット上で後藤健二および湯川遥菜の殺害を予告
2.23 西川公也農水相、不正献金問題で辞任
3.6 下村博文文科相、政治献金の不適切な会計処理を認める
4.4 大阪維新の会および維新の党、上西小百合衆議院議員を除籍および除名処分
4.5 菅義偉内閣官房長官、翁長雄志沖縄県知事と米軍普天間飛行場移設問題で初の直接会談を行うも平行線
5.3「自由と民主主義のための学生緊急行動」(SEALs) 発足
5.17 大阪都構想の是非を問う住民投票が実施され、反対多数で否決
5.18 江田憲司が維新の党代表辞任、後任は松野頼久
9.1 東京五輪・パラリンピック組織委員会が、佐野研二郎デザインの大会エンブレムの使用を中止
9.19 安全保障関連法が成立
10.1「おおさか維新の会」結成
10.7 第3次安倍第1次改造内閣が発足
10.13 翁長沖縄県知事が辺野古の埋め立て承認の取り消しを決定
10.13 マイナンバー制度の事業契約に絡み、収賄容疑で厚労省情報政策担当参事官室の室長補佐を逮捕
11.4 日本郵政・かんぽ生命・ゆうちょ銀行の日本郵政グループ3社が東京証券取引所の一部に上場
11.22 大阪府知事・大阪市長ダブル選挙で、現職の松井一郎、維新公認の新人の吉村洋文が当選
12.12 橋下徹大阪市長が政界引退へ
12.21 次世代の党が党名を「日本のこころを大切にする党」に変更
12.28 岸田文雄外相が韓国の尹炳世外相と旧日本軍の従軍慰安婦問題について会談

1.23 ―― #46

お手軽民主主義は何をもたらすのか

先日のゼミで、学生が電子投票制度について報告した。何か奥行きを直感させられた。

2001年11月30日、地方自治体の首長や議員の選挙に電子投票の導入を可能にする電子投票法が参院本会議で可決、成立した。全会一致である。希望する自治体はその旨の条例を定めれば実施できる。総務省のホームページによれば、13年4月現在で各自治体での電子投票は23回行なわれている。

投票のやり方は、投票所に設置された電子投票機の画面に表示された立候補者名から意中の氏名にタッチするだけである。疑問票・無効票がなくなり、開票作業にかかるコストも大幅に削減されるなどのメリットがある。法案成立に先立って、千葉県市川市では模擬電子投票が実施された。参加者からは「銀行のATM（現金自動預け払い機）より簡単で、だれにでもできる」など「おおむね好意的な反応だった」（2001年11月26日付『日本経済新聞』）。

ゼミで私は、選挙をこんなに「お手軽」にしていいのだろうかと感想を述べた。日本国憲法前文には「そもそも国政は、国民の厳粛な信託による」と謳《うた》われている。民主主義の手続きの厳粛性は尊重されるべきである。無効票がなくなるのが好ましいとも即断できまい。無風選挙に抗議するために投票用紙に「バカヤロウ」と書くのも有権者の権利だ、と私は冗談半分に言った。

「お手軽」選挙と言えば、投票率向上を狙って期日前投票が2003年の公職選挙法改正で可能となった。それまでの不在者投票制度では、投票日前の投票が認められるのはごく限定的で、これにより投票日の厳粛性が担保されていた。一方、期日前投票制度は、投票日当日のレジャーなど理由さえあれば簡単に利用できる。昨年12月の総選挙での期日前投票者は、全有権者の12・6%にあたる約1315万人にのぼった（14年12月15日付『日本経済新聞』）。この制度は組織票固めに利するばかりか、選挙運動期間と投票日を無意味なものにしかねない。そうした「犠牲」を払っても、先の総選挙の投票率は戦後最低に落ち込んだ。

さらに「お手軽」で思い当たるのは、昨年7月に安倍晋三首相が閣議決定で憲法解釈を変更して、集団的自衛権の行使に道を開いたことである。事実上の憲法改正にあたる重大な政策変更を、条文に手を付ける「面倒」を嫌って「お手軽」に進めてしまった。少し遡《さかのぼ》れば、野田佳彦政権時代の2012年11月に、民主・自民・公明の3党は特例公債法案の修正で合意した。この結果、2015年度まで赤字国債を自動発行できるようになった。毎年度特例公債法案を審議し成立させる「面倒」より「お手軽」を選んだのである。

今後に目を転じれば、安倍政権は自衛隊による他国軍への後方支援を即応可能にする恒久法の制定を目指している。従来はその都度特別措置法を作って派遣してきた。それでは「面倒」なので「お手軽」に自衛隊を海外に出そうという。

2015

ワンクリック万能のご時世ではある。しかし、政治的意思決定まで「お手軽」にしていいのか。ジョージ・オーウェルの『一九八四年』では、「ニュースピーク」という「お手軽」言語が人びとの思考を単純化させた。「お手軽」民主主義は、人びとの政治的構想力を衰弱させないだろうか。

LATER ON 総務省の発表によれば、2017年10月の総選挙では、期日前投票（小選挙区）の最終投票者数は2137万8387人だった。有権者に占める割合は20・1%にも達した。いずれも過去最高である。台風21号の接近で気象庁が期日前投票を行うよう異例の声かけをしたのが効いたようだ。そのせいもあって、この選挙の投票率（小選挙区）は53・68%となり、戦後最低だった2014年総選挙の52・66%をわずかに上回った。風が吹けば桶屋が儲かるという。台風様様である。とはいえ、期日前投票所で有権者が行列している写真をみて、そこはかとない違和感を覚えてしまう。

2.20――#47

歴史認識に口閉ざす首相の「談話」に危惧

「わが国は、遠くない過去の一時期、国策を誤り、戦争への道を歩んで国民を存亡の危機に陥れ、植民地支配と侵略によって、多くの国々、とりわけアジア諸国の人々に対して多大の損害と苦痛を与えました」

1995年8月15日に出されたいわゆる村山談話の一節である。2015年1月29日の衆院予算委員会で、民主党の長妻昭《ながつまあきら》議員がこの文言をパネルで示しながら、安倍晋三首相に質《ただ》した。「総理自身も、わが国は国策を誤ったというふうにお考えでございますか」。長妻は三度質したが、首相は「私は、今ここで一つひとつの字句について論評するつもりはございません」などと明言を避け続けた。イエスかノーで答えられるはずだ。

2月4日の衆院予算委員会では、民主党の細野豪志《ほそのごうし》議員が「国策を誤ったというお考えがあるかどうか」と首相に重ねて尋ねた。首相はそれには直接答えず、「あの大戦の結果、日本は敗戦を迎えたわけでございます。そして多くの日本人の命が失われ、そしてその結果、国土は焦土と化したわけでございます」。

首相の口からは、「国策を誤った」という認識も、「アジア諸国の人々に対して多大の損害と苦痛を与え」たという反省もついぞ発せられなかった。ドイツの故ワイツゼッカー元大統領が「過去に目を閉ざす者は現在に対しても盲目となる」と述べた演説との落差は、それこそ「異次元」である。

ところで、日本国憲法のように前文がある珍しい法律の一つに、国立国会図書館法がある。その前文は「真理がわれらを自由にする」と謳《うた》う。これが国立国会図書館東京本館の中央出納台の上に刻字されている。初代館長の金森徳次郎《かなもりとくじろう》が揮毫《きごう》した。

金森は第1次吉田茂内閣の憲法担当の国務大臣として、新憲法草案をめぐる政府側答弁をほとんど一人でこなした。答弁回数は1300回以上にものぼった。その後、館長を務めながら「憲法を愛していますか」などのエッセーも書いている。首相と異なり、日本国憲法への愛着は人一倍強かった。

議員立法である国立国会図書館法は、1948年2月9日に公布・施行された。そこに前文が付けられたのは、参議院図書館運営委員会の羽仁五郎《はにごろう》委員長の尽力による。羽仁は同年2月4日の参議院本会議でその理由を説明している。

「今日の我が国民の悲惨の現状は、従来の政治が真理に基かないで虚偽に基いていたからであります。（略）真理が我らを自由にする。この確信に立つて憲法の誓約する日本の民主化と世界平和に寄与すること、これが我が国立国会図書館の設立の使命であります」（旧字は新字に改めた）

図書館は真摯《しんし》に反省している。1954年採択の「図書館の自由に関する宣言」はこう戒める。「図書館が（略）国民に対する『思想善導』の機関として、国民の知る自由を妨げる役割さえ果たした歴史的事実があることを忘れてはならない」。

対照的に、首相の上記の姿勢には、「真理に基かないで虚偽に基いて」政治が展開される不安を禁じ得ない。自由の反意語は隷従だろう。「安倍談話」なるものが、「虚偽がわれらを隷従に導く」一里塚になりはしないか。ならば羽仁や金森に顔向けできまい。

3.20――#48

「血を流す」現実への実感なき安全保障とは

スティーヴン・スピルバーグ監督の映画『プライベート・ライアン』(1998年)を観た。1944年6月6日からの連合国によるノルマンディー上陸作戦の皮切りには五つの上陸地点があった。この映画は、その一つに米軍の中隊が上陸用舟艇によって敵前上陸を敢行するシーンからはじまる。

艇首の門扉が前方に倒れて、兵士たちが一斉に浅瀬に踏み出す。その瞬間、待ち構えていたドイツ軍の機銃掃射を受け、彼らはばたばたと海に倒れていく。もがれた自分の右腕を左手で拾って砂浜をうつろに歩く兵士。腹からえぐり出された自分の内臓を押さえながら「ママー!」と絶叫する兵士。一人ひとりの戦死のリアルが観る者を打ちのめす。

激戦のあと、海が血で真っ赤に染まり、赤い波がなにごともなかったかのように海岸を洗う。この波の音が戦争の愚かさを雄弁に訴えかける。だれも個人が憎いわけではない。「敵」という記号が憎いだけなのだ。

「軍事同盟というのは〝血の同盟〟です。日本がもし外敵から攻撃を受ければ、アメリカの若者が血を流します。しかし今の憲法解釈のもとでは、日本の自衛隊は、少なくともアメリカが攻撃されたときに血を流すことはないわけです。」（安倍晋三・岡崎久彦『この国を守る決意』扶桑社、63頁）

これは安倍晋三首相の11年前の発言である。軽々しく「血を流す」などと言う。そこには実感がまったく欠如している。元防衛官僚の柳澤協二氏はこう強く懸念する。

「戦争体験を持たない世代が政界の中心を担うにつれ、人を殺すことや人が死ぬことに対する実感がまったくない政治家たちが、『戦争もありだ』という前提で国の安全保障に関わる問題を議論するという恐ろしい事態になっています」（柳澤協二『亡国の集団的自衛権』集英社新書、16〜17頁）

首相は中東のホルムズ海峡で海中にまかれた機雷を自衛隊が掃海する活動を、集団的自衛権の行使が可能な事例だと主張している。「わが国が武力攻撃を受けた場合と同様に深刻、重大な被害が及ぶ」からだと。首相に掃海現場への実感はどれほど伴っていようか。

幸い自衛隊はこれまで一人の戦死者も出していない。しかし、戦後にも戦死者はいる。1950年6月に朝鮮戦争が勃発すると、同年10月に入って米極東海軍は日本政府に朝鮮水域の掃海を要請してきた。極秘のうちに、海上保安庁により掃海艇20隻などからなる日本特別掃海隊が編成され、10月7日に出動する。日本は憲法9条に抵触して朝鮮戦争に「参戦」したのである。

10月17日15時21分、朝鮮半島東岸の元山沖海域で掃海艇ＭＳ14号が触雷して沈没した。乗組員は前甲板に全員集まっていたので、海に放り出されたり飛び込んだりして命拾いした。ただ一人、夕食準備のために船艙の米麦庫にいた21歳の烹炊員《ほうすいいん》が艇もろとも沈み、死亡した（大久保武雄『海鳴りの日々』海洋問題研究会）。

彼を最後の戦死者としない未来へと舵を切る新たな安全保障法制を目指した議論が、与党内で進められている。〈寒冷地で灯油が届かずに凍死する〉などとの想像力豊かな想定より、モルヒネを打たれながら臨終する戦死のリアルを直視してほしい。

LATER ON 吉田裕『日本軍兵士』（中公新書、2017年）は、アジア・太平洋戦争における兵士の死をまさにリアルに描いている。南方戦線ではマラリアが蔓延し、それにかかった兵士たちは深刻な食糧不足から栄養失調となって、ついには餓死していった。輸送船の船内には「まるで奴隷船の奴隷のように」、完全武装の兵士たちが横になれないほどに押し込まれた。その結果、船倉内は温度と湿度が異常なほどに上がったため、兵士たちは熱射病から急性循環器不全、全身けいれんなどの中枢神経障害を発症し死亡した。前線での「散華」ではなく、戦病死が兵士の死の過半だったのである。

4.17 ——#49

過去忘れず憲法守る天皇のメッセージ

天皇・皇后が4月8日〜9日の1泊2日でパラオ共和国を訪問した。8日午前11時20分過ぎに羽田空港を出発し、9日午後9時15分ごろ同空港に戻る強行軍である。宿泊先は異例の海上保安庁の巡視船だった。81歳という高齢を押してそこまでして戦没者を慰霊した。天皇の執念を感じる。

羽田を発《た》つ際に、天皇は「終戦の前年には、これらの地域で激しい戦闘が行われ、幾つもの島で日本軍が玉砕しました。この度訪れるペリリュー島もその一つで、この戦いにおいて日本軍は約1万人、米軍は約1700人の戦死者を出しています。太平洋に浮かぶ美しい島々で、このような悲しい歴史があったことを、私どもは決して忘れてはならないと思います」と「おことば」を述べた。

「過去を忘れるな」と天皇は決然と説いている。「未来志向」の安倍晋三首相はこれをどう受け止めるのか。91歳の村山富市《むらやまとみいち》元首相は「安倍首相は（略）未来志向を強調しているが過去と未来は切り離せるものではない。アジアに対する日本の植民地支配や侵略は歴史的事実であり、政治の世界は過去の反省を踏まえたうえで将来展望を持つことが大事だ」と諭している（3月

16日付『朝日新聞』)。

ところで、2013年4月28日に「主権回復・国際社会復帰を記念する式典」が、政府主催で天皇・皇后も出席して開かれた。閉式の辞ののち両者が退席しはじめると、会場から「天皇陛下万歳」との声がかかった。これは式次第にないハプニングであった。即座に安倍首相は両手を垂直に上げ嬉々として唱和している。一方、天皇は壇上で一瞬困惑した表情を浮かべて立ち止まった。

この表情に私は、別のハプニングを思い出した。04年10月28日の園遊会。当時東京都教育委員だった棋士の米長邦雄氏(故人)が「日本中の学校で国旗を掲げ、国歌を斉唱させるというのが私の仕事でございます」と天皇に話しかけた。これに天皇は「やはり、強制になるということではないことが望ましい」と応じたのである(同年10月29日付『毎日新聞』)。

私のゼミの卒業生に極右を信条とするOBがいる。毎年3月に発行するゼミの機関誌に、毎回スリリングなエッセイを寄せてくれる。今回は「極右からの提言」と題されていた。その中で彼は首相が「ネトウヨなる者たちに媚び(略)『親米保守、憲法改正』の発言をする」ことを糾弾する。というのも、「真の右翼とは、尊皇愛国である。その立場からは、日本人が真に守るべきは(略)陛下のご意思であると考えるものである。ましてや、アメリカ追従の体制を守り、発展させ、それに合わせて諸々の制度や法律を整備するものではない」からだ。

80歳の誕生日を前にした13年12月18日の記者会見で、天皇は「平和と民主主義を、守るべき大切なものとして、日本国憲法を作り、様々な改革を行って今日の日本を築きました」「今後とも憲法を遵守する立場に立って、事に当たっていくつもりです」と発言した（宮内庁HPより）。

戦前回帰を連想させる言動を嫌い、日本国憲法が規定する象徴に徹して「先の戦争」を心から反省する。これこそ「陛下のご意思」なのだ。今回のパラオ訪問は、それを行動で示した意義深い旅程だったと考える。

LATER ON 天皇の執念の「聖断」で、「平成」は来年4月で終わる。新しい元号で2019年5月を迎える。ところで、共産党の機関紙『しんぶん赤旗』は昭和から平成への改元の際に、日付の元号併記を廃止した。ところが、2017年4月1日号からそれを復活させた。「今回の措置は、「西暦だけでは不便。平成に換算するのが煩わしい」「元号も入れてほしい」など読者のみなさんからの要望をうけた措置です」とのことである（2017年4月5日付『しんぶん赤旗』）。新元号になっても併記を続けるのであろう。むしろ、元号の西暦変換の煩わしさのほうがよほど問題だと思うのだが。ちなみに、私の勤務する大学では、昭和から平成への改元のときに、学内の年数表記をそれまでの元号から西暦に改めた。その頃私は大学院生で、ある先輩が「明治はサヨクになった」と冗談めかして言ったのを懐しく思い出す。

5.22 ――#50
戦争は平和なり法案と18歳選挙権との付合

　まさにホップ、ステップ、ジャンプである。安倍晋三首相は2013年8月に、内閣法制局長官に従来の慣行を破って小松一郎駐仏大使を充てた。翌年7月には、集団的自衛権の行使を容認する閣議決定を行なった。ついに今年5月14日、それを法的に裏づけることなどを定めた「平和安全法制整備法案」と「国際平和支援法案」を閣議決定した。

　法案の名称には、平和を謳《うた》って戦争に対する拒絶感を薄める意図が込められていよう。ジョージ・オーウェルの小説『一九八四年』に登場するオセアニア国のスローガン「戦争は平和なり」を思い出した。これら2法案は翌15日に国会に提出された。もし成立すれば、世界から「一人前」の国家として扱われたいという首相の自虐的「悲願」が達成される。とはいえ、武力攻撃事態、存立危機事態、重要影響事態、さらに国際平和共同対処事態といったそれぞれの事態が含意する難解さには目がくらむ。「無知は力なり」もオセアニア国のスローガンだ。

　さて、「一人前」といえば、18歳と19歳の若者を「一人前」にする公職選挙法改正案が、今国会で成立する見通しである。総務省で主権者教育に取り組んだある官僚は、今年3月、私あてのメールに「一昨年の10月にお目に掛かった時点では、これほど事態が進展するとは思っておりませんでした」と書いてきた。この3年間で状況は大きく変わった。まるで安全保障法制のそれをなぞるようだ。

もちろん、両者の急展開は偶然の一致だろう。しかし、私はそこに「神のみえざる手」が働いている気がしてならない。

各国で女性が選挙権を獲得してゆく背景には戦争があった。イギリスで財産資格が廃止され、21歳以上の男性と30歳以上の女性に参政権を認める国民代表法が成立したのは、第一次世界大戦末期の1918年2月である。ドイツでは翌19年8月施行のワイマール憲法によって20歳以上の男女が有権者となった。米国で、選挙権における性差別の禁止を定めた合衆国憲法修正第19条が成立したのは1920年である。フランス、イタリア、そして日本では第二次世界大戦後に女性参政権が認められる。

20世紀の総力戦は「銃後」の重要性を国家に気づかせ、国家はその主な担い手である女性たちにも参政権を付与して国民統合を強化したのである。こうした史実をもって、今回の選挙権拡大と戦争立法を結びつけるのは確かに論理の飛躍が過ぎよう。ただ、軍事的に「一人前」の国家になる一方、選挙権年齢も「世界の標準」にそろえる。この不気味な付合に心穏やかならざるものを感じる。しかも、自民党は今後、少年法の適用年齢も18歳未満に引き下げる動きをみせている。「国の将来を決める権利を18歳から持つようになる。しかし、果たす義務の方は一体どうなるのか」と理屈立てる（4月15日付『朝日新聞』）。

ところで、女性週刊誌が安倍政権批判を強めている。「美容院で記事を見て、もう一度読みたくて買い直した」など読者の反響もすごいという（4月22日付『毎日新聞』夕刊）。彼女たちの生活実感こそ、格好つけで自己陶酔的なオヤジ政治を痛打してくれよう。「自由は隷従なり」（これもオセアニア国のスローガン）になってなるものか。

LATER ON　2018年6月13日に改正民法が成立し、2022年4月から成年年齢が18歳に引き下げられる。これと連動して、少年法の適用年齢も17歳以下に引き下げようとする議論が加速化することだろう。私はこれには反対である。「17歳以下」が実現されれば、18歳と19歳の若者には刑法が適用されることになる。刑法は「応報」という考え方を基本とする。犯した犯罪の程度に応じて報いとして罰を科す。これにより犯罪の抑止を目指している。一方、少年法では非行少年は「保護処分」に付される。これは刑罰ではなく強制的な「教育」である。少年は成長発達の途上にある。言い換えれば「可塑性」が高いのである。それを重視して、彼らを教育により更正させて社会を犯罪から守ることが少年法の趣旨といえよう。

たとえば、覚せい剤事件の場合、成人ならば初犯であればほぼ執行猶予が付く。これに対して少年になるとほとんど少年院送致となる。むしろ刑法（覚せい剤事件では覚せい剤取締法）より少年法の方が処分が厳しいことがある。これは少年の「可塑性」が期待されているからである。覚せい剤取締法違反の検挙者の再犯者率は6割以上に及ぶ。少年法の適用年齢引き下げが実施されれば、これは確実に上昇しよう。覚せい剤事件一

2015

つとっても、引き下げは少年から立ち直りの機会を奪うことになる。彼らをやみくもに前科者にしていい気になっていては、社会を犯罪から守ることにはならない。

6.19——#51

「じじい」たちの叫び 自公、聞く耳持たずか

「日本が戦争に負けて以来、いま最大の危機にある。我々がじじいだからといって、黙っているわけにはいかない」——6月12日に日本記者クラブで行なわれた会見で、亀井静香《かめいしずか》衆院議員(78歳)はこう述べた(6月12日付『朝日新聞』夕刊)。山崎拓《やまさきたく》(78歳)、武村正義《たけむらまさよし》(80歳)、藤井裕久《ふじいひろひさ》(82歳)の各元衆院議員も出席し、衆院で審議が進む戦争(安全保障関連)法案にそろって反対した。

その3日前には、やはり「じじい」の村山富市《むらやまとみいち》元首相(91歳)と河野洋平《こうのようへい》元官房長官(78歳)が同所で会見。安倍晋三首相による戦後70年の首相談話の内容、その根底をなす首相の歴史認識を強く懸念したためである。両者がそれぞれ出した村山談話および河野談話を明確に引き継ぎ、そこから後退しないよう決然と求めた。戦争法案は断念すべきだと主張した。

「じじい」たちのかくしゃくたる行動に私は賛辞を惜しまない。

一方、これも「じじい」の高村正彦《こうむらまさひこ》自民党副総裁（73歳）は6月4日の衆院憲法審査会で3人の憲法学者にそろって戦争法案は違憲だと指摘され、あわてふためいた。6月9日の自民党総務会で、法案反対派の村上誠一郎《むらかみせいいちろう》元行革担当相を「砂川判決では集団的自衛権は否定されてない。読んでないだろ」と挑発する始末だ（同紙6月10日付）。翌日の衆院平和安全法制特別委員会で、横畠裕介《よこばたけゆうすけ》内閣法制局長官が砂川判決は「集団的自衛権に触れているわけではない」と答弁して（同紙6月11日付）、面目を潰された。読むもなにも言及されていないのだ。ただ、高村氏は「たいていの憲法学者より私の方が考えてきたという自信はある」のだという（『朝日新聞』デジタル6月11日）。

ところで、重要影響事態法案では、後方支援活動などは「現に戦闘行為が行われている現場では実施しない」と規定されている。これを、5月17日のNHK番組に出演した稲田朋美《いなだともみ》自民党政調会長は、「（従来に比べ自衛隊員は）やや前に出る」と形容した（5月18日付『毎日新聞』）。「一歩前へ」とは自衛隊は宅配便か。戦争を知らず、決して戦場に行かない与党幹部の認識はこの程度なのだ。戦前生まれの「じじい」たちの警告など馬耳東風《ばじとうふう》なのかもしれない。

さて、国会審議を通じて、首相は集団的自衛権の行使が例外的に許される活動としてホルムズ海峡の機雷掃海をずっと挙げてきた。しかしその非現実性はもはや明らかだろう。そこで、政権は次に中国の南シナ海での岩礁埋め立てを強調し、中国脅威論をあおり法案成立の追い風にするのではないか。6月5日の衆院特別委で、中谷元《なかたにげん》防衛相は南シナ海での自衛隊による米艦防護などについて、「わが国の防衛に資する場合に限り、武力行使と一体化しない範囲で実施できる」と答えた（共同通信6月5日配信、傍線＝筆者）。その法的根拠は、自衛隊法改正案で新設される95条の2（合衆国軍隊等の部隊の武器等の防護のための武器の使用）である。

これはゾンビ規定だ。傍線部分はどうとでも言い抜けできる。「武器等の防護」を名目に武力行使の新三要件を満たさずとも、武器の使用を超えて武力行使に至る。なし崩し的に集団的自衛権の行使になりかねない。

「じじい」たちの心の叫びを年寄りの冷や水にしてはならない。

LATER ON 高村正彦自民党副総裁は2017年8月の『日本経済新聞』「私の履歴書」に登場した。自画自賛のオンパレードで私は毎朝うんざりした気分になった。この御仁なら「私の方が考えてきた」くらいのことはのたまうだろうな、と妙に納得した。そしてこの「じじい」を与党協議の座長にした安倍首相の「人を見る眼」もたいしたものだと、これまた妙に感心した。同じ山口県が選挙区のこの2人は、1999年4月1日の衆議院日米防衛協力のための指針に関する特別委員会において、エールの交換をしている。当時高村氏は外務大臣、安倍首相はまだ当選2回の陣笠議員であった。安倍議員が「我が長州の八人目の総理大臣と言われております高村外務大臣」と持ち上げると、高村外相が「一般的に、長州におきましては委員（安倍首相のこと）が八人目だ、こう言われていると承知しております」と「答弁」した。あほらし。

7.17——#52

戦争法案、数頼みの愚自民に厳しい鉄槌を!

本稿が載る号が発行される頃には、戦争法案は衆議院を通過しているのだろうか。そうなっていないことを念じつつ、筆を進める。

この法案の扱いをめぐって、自民党の小泉進次郎衆院議員・地方創生担当政務官がまともなことを言っている。

「私は(自民党が)野党の時に、初めて当選した政治家です。自民党を一回野党にしたい、それくらい国民から信頼を失ったあのときの自民党が、私の原点なんですよ。それを考えると、今の自民党の見え方というのは、謙虚さ、もう二度と国民の信頼を失ってはいけないという部分を私は忘れていないと信じたいけども、それを疑われかねない状況。危機感を持って党を挙げて、少しでも理解を得られるように丁寧《ていねい》に、真摯《しんし》に、謙虚に説明を重ねなきゃいけない」

(『週刊文春』7月16日号)

2009年総選挙で初当選した自民党公認候補は小泉氏を含めて5人(参院議員経験者1人を含む)しかいない。衆議院のホームページによれば、今年6月1日時点で自民党会派所属議員は290人。うち当選1回は15人、当選2回は107人(同4人を含む)。合わせると自民党衆

2015

院議員の4割以上を占める彼らの多くは、自民一強時代しか知らないのだ。中でも、当選2回生のほとんどは民主党政権への「懲罰投票」の強い追い風を受けてバッジを手にした。それゆえ、「丁寧」「真摯」「謙虚」とは無縁な相当に質の悪い議員もいる。

くだんの「文化芸術懇話会」で暴言を吐いた3議員は、いずれも当選2回である（うち長《なが》尾敬《おたかし》議員は09年総選挙で民主党公認で初当選）。同会は木原稔《きはらみのる》・党青年局長を代表として発足した。木原氏は代表責任を問われて、青年局長を更迭《こうてつ》させられた。木原氏の前々任者が小泉氏に当たる。

小泉氏は青年局長を2011年10月から2年間務めた。その間、全国各地を遊説して回った。一昨年の参院選の応援演説では、彼は野党批判をほとんど口にしなかった。むしろ聴衆に必ず訴えたのは、次のような趣旨だった。

今回の参院選で自民党が勝ってねじれ国会が解消されれば、自民党は政権運営に言い訳ができなくなる。そういう環境に自民党を置いてほしい。もしそれでも自民党がふがいない結果しか残せなかったら、2009年総選挙のときと同様の「厳しい鉄槌《てっつい》を下してください」（2013年7月4日・山形県酒田市飛島《とびしま》での演説）。

まさにいまがそのときである。

実は自民党は言論の自由に敏感な政党だった。菅直人《かんなおと》・民主党政権時代の10年11月、自衛隊関連行事で来賓の民間人が政権批判の発言をした。影響を憂慮した防衛省は、政治的発言を控えるように求める事務次官通達を出した。これに野党自民党は言論統制だと猛反発。参議院自民党政策審議会は「言論弾圧通達検討プロジェクトチーム」を立ち上げて、防衛官僚をよんで徹底追及した。世耕弘成《せこうひろしげ》・内閣官房副長官や礒崎陽輔《いそざきようすけ》・首相補佐官ら現政権の中枢を担う議員もそこに名を連ねていた。

小泉氏は「国民の理解を得ることが一番大事」と説く（『週刊文春』同号）。そのためにマスメディアがある。これすら理解できない「選良」たちが、数を頼んで戦争法案を通していくのか。悪貨は良貨を駆逐す。

LATER ON 小泉進次郎衆院議員はその後も歯に衣着せぬ発言を繰り返している。「総理、答弁に立たれるたびに必ずこのボタンをお掛けになります。質問者に対する礼儀を尽くしておられる姿、本当に好ましいと思います」（2017年3月13日・参院予算委員会における堂故茂《どうこしげる》議員（自民）の質疑）と、おべっかを国会の場でぬけぬけと言ってのける議員とは大違いである。ただ、小泉氏の資質もさることながら、選挙での絶対の強さが彼の怖いもの知らずを担保している。その分、相当嫉妬もされているようだが。

8.21 ―― #53

やはり噴飯ものだった戦争美化の「安倍談話」

8月14日に出された戦後70年の安倍談話は、やはり噴飯ものだった。たまたま私は夏風邪でふせっていて、それをラジオで聞いた。まず驚いたのは、「日露戦争は、植民地支配のもとにあった、多くのアジアやアフリカの人々を勇気づけました」と冒頭に言い放ったことだ。戦争を美化してはばからない。この戦争でも「将来ある若者たちの命が、数知れず失われ」たことに、安倍晋三首相の想像力は及ばないのか。

村山談話も小泉談話も「先の大戦」への言及に終始している。ところが、安倍談話は19世紀の「西洋諸国を中心とした国々」による植民地支配から説き起こされている。その文脈に日露戦争は欠かせなかった。

第一次世界大戦から世界恐慌を経て、満州事変以降では、日本は「『新しい国際秩序』への『挑戦者』となっていった」としている。「挑戦者」（英訳はchallenger）と聞いて、負のイメージは浮かびにくい。かっこいい。

この言葉に首相の本音が込められていまいか。日本も悪かったかもしれないが、欧米列強はもっと悪辣で得手勝手な国際秩序を樹立した。だから日本は「挑戦者」としてその「打開」に立ち向かったのだ。それが日露戦争では奏功したが、満州事変からは「進むべき針路を誤り、戦争への道を進んで行きました」。彼の中では、日本は一貫して、押しつけられた既存レジームに対する勇敢な「挑戦者」なのだ。そして、その「挑戦者」意識が「この胸に刻み続け」られて、「『積極的平和主義』の旗を高く掲げ」ることに「昇華」される。このように首相のナルシシズムは満たされて、談話は結ばれる。

それにしても、20分以上にわたる長広舌《ちょうこうぜつ》は、夏風邪の身には堪《こた》えた。分量がかさんだ理由の一つは、欧米諸国の植民地支配や「経済のブロック化」の説明を入れたことだ。よって、これでは日本が行き詰まるのは当然で、「力の行使」もやむを得なかったとその相対化を示唆することができた。「痛切な反省」を自分を主語にして述べずに済むよう伏線を張ったのだろう。

「出す必要はなかった」と村山富市《むらやまとみいち》元首相は安倍談話の本質を喝破した。翻《ひるがえ》って、翌15日の全国戦没者追悼式で、天皇は「さきの大戦に対する深い反省」という従来なかった表現を「おことば」に入れた。今年4月のパラオ・ペリリュー島慰問などの彼の行動が「深い反省」に説得力を与えている。「痛切な反省」を空疎《くうそ》に口にした首相とは雲泥の差がある。象徴天皇制も悪くないと短絡的に思ってしまう。

象徴天皇制といえば、刺激的な本を最近読んだ。村岡到『文化象徴天皇への変革』(ロゴス)である。左翼を自任する著者だが、文化象徴として天皇の存在を認める。「日本人はなお、何らかの〈象徴〉なしには社会を統治できない段階を生きている」(93－94頁)のがその理由とされる。この認識について意見は分かれるし、生まれに価値を認める天皇制に私は反対だ。しかし、「天皇制打倒」と叫ぶだけでは無責任だとして、著者は果敢に代案を提起する。

ともあれ、首相にとって天皇の言動はしゃくに障ろう。夏の夜に悪い夢をみそうだ。天皇に引見ではなく意見する「挑戦者」として首相が化けて出る……。寝汗をかいて、また夏風邪を引きかねない。

LATER ON　日露戦争の中でも激戦だった旅順攻囲戦での日本の勝利（1905年1月）を、レーニンは「旅順の陥落」という論文で激賞している。「進歩的な、すすんだアジアはおくれた、反動的なヨーロッパに、取りかえしのつかない打撃をあたえた」「専制を壊滅させた日本のブルジョアジーがはたしているこの革命的任務に、目をふさぐことはできない」（『レーニン全集』第8巻34、38頁）と。安倍談話に、「多くのアジアやアフリカの人々」に「さらにはロシアの革命家」と加えれば、よく目配りしているなと好事家をうならせられたのに。

9.18――#54

「内閣の良心」を放棄　法制局の悲しい変質

何の因果か。2カ月前に、戦争法案が衆院特別委員会および本会議で可決された週の当コラムを私は担当した。「そうなっていないことを念じつつ」と私は書いたが後の祭りだった。そして、9月17日に参院本会議での採決が画策される中、その週のコラムがまた私に回ってきた。本号発行時に可決・成立していないことを！

法案反対のデモが各地で盛り上がっている。それらが熱を帯びれば帯びるほど、安倍晋三首相は尊敬する祖父・岸信介《きしのぶすけ》に自分をなぞらえて、ますますナルシシズムに耽《ふけ》るに違いない。首相はこう書いている。

「安保条約が自然成立する前の日の一九六〇年六月十八日、国会と官邸は、いく重にもつらなった三十三万人におよぶデモ隊に囲まれた。／官邸に閉じ込められた祖父は（略）『わたしは、けっして間違ってはいない。殺されるなら本望だ』と、死を意識したという」（『美しい国へ』文春新書、21―22頁）

当時、首相は小学校入学前の6歳だった。その後、成蹊《せいけい》小学校、成蹊中学校、成蹊高校と進んだ。成蹊大学に上がるとき、入学試験で首相を面接したのが、当時成蹊大学助教授だった佐《さ》瀬《せ》昌盛《まさもり》・防衛大学校名誉教授である。佐瀬氏は『集団的自衛権』（PHP新書）などを著し、「安全保障の法的基盤の再構築に関する懇談会」（安保法制懇）のメンバーも二次にわたり務めた。首相の指南役である。その佐瀬氏までが本誌前号に登場し、安保法制懇における資料のずさんさと結論先にありきの議論の不十分さを難じたのには驚いた。こんなデタラメと出来レースで、自衛隊は犠牲者が出ると佐瀬氏が確言する現場に送られるのか。

すべては2013年8月に、首相が従来の中立的な制度慣行を破って、小松一郎《こまついちろう》・駐仏大使を内閣法制局長官に政治任用したことからはじまる。戦争法案を違憲と断じた山口繁《やまぐちしげる》・元最高裁長官は「法制局はかつて『内閣の良心』と言われていた」と語った（9月3日付『朝日新聞』朝刊）。

9月8日の参院特別委の参考人質疑で、大森政輔《おおもりまさすけ》・元内閣法制局長官は重大な事実を明かした。発進準備中の他国軍の航空機への給油は「武力行使との一体化」の典型的な事例で、憲法上認められない。だから周辺事態法立案時には米軍への支援項目から外した。ただ、外務省からの強い要請をしのぐために「表面上は（米軍の）ニーズがないことにして収めた」と。

政府はニーズの問題だとして、同法を改正する重要影響事態法案では給油を解禁する。しかし、実際には憲法解釈の変更に値する。翌日の特別委でこの点を野党から突かれた横畠裕介《よこばたけゆうすけ》・内閣法制局長官は、「（当時も）絶対にクロ（憲法違反）とまでは断定していない」とかわした（9月9日および10日付『北海道新聞』朝刊）。

当時の会議録によれば、大森長官はその直後に「今もやはり憲法上の適否について慎重な検討を要する問題であるという認識には変わりございません」と付言している（1999年1月28日・衆院予算委員会）。給油の可否はニーズの変化という軽々な話ではなく、憲法問題なのだ。

横畠長官の「良心」なき言い抜けは、「小松」後の内閣法制局の変質をよく表していよう。やがて因果はめぐって、戦後日本の法体系全体が崩されかねない。

LATER ON　本文中に引用した安倍首相の『美しい国へ』はこう続いている。「わたしは、祖父に「アンポって、なあに」と聞いた。すると祖父が、／「安保条約というのは、日本をアメリカに守ってもらうための条約だ。なんでみんな反対するのかわからないよ」／そう答えたのをかすかに覚えている」（同23頁）。当時首相は6歳だから、すばらしい記憶力の持ち主だと驚嘆を禁じ得ない。モリカケ問題はずっと直近のことなのに、なぜ首相の記憶は国民を納得させられないのだ。

10.23 —— #55
鳩山元首相の登壇に右翼の威迫妨害行為

「集会、結社及び言論、出版その他一切の表現の自由は、これを保障する」。日本国憲法21条1項にはこう謳《うた》われている。しかし、この自由を力による妨害から守るにはいかに骨が折れるかを先日思い知らされた。

10月4日（日）に明治大学駿河台キャンパスで、公開シンポジウム「日中友愛外交の道を探る」が開催された。私が所長を務める明治大学政治制度研究センターとNPO法人日本針路研究所（村岡到《むらおかいたる》理事長）の共催で、本誌も協賛した。「特別発言」として鳩山友紀夫（※2013年に「由紀夫」から改名）元首相も登壇者に名を連ねた。

その4日前の9月30日の夕方、明大の関連部署の事務長から私に電話が入った。シンポに招く鳩山元首相に対して、右翼団体が当日抗議活動を計画していると神田警察署から連絡があったという。翌日の午前中に再び事務長から、神田署の警備担当者が午後に来校すると電話を受けた。

迎えた当日。私が会場入りした正午には、大学周辺の道路にはすでに警察関係車両が多数駐車していた。関連部署の明大職員も急遽《きゅうきょ》休日出勤となった。そしてはじまった警察側との打ち合わせ。彼らといっしょに私は鳩山氏の動線を確認していった。神田署長まで来られていた。いやが上にも緊張感が高まる。

シンポには260人もの来場者があり立ち見も出た。会場内では私服刑事が鳩山氏の周囲を固めた。私はずっと中にいたのでわからなかったが、外では大騒ぎになっていた。右翼団体の街宣車24台が集結し、拡声器による抗議活動が大音量でなされる。構成員の一部は車から降りて、警備する機動隊員と小競り合いをする。

幸いシンポは滞りなく進行し、鳩山氏は特別発言を行なったあと質疑応答をこなして中座した。実はこれからがたいへんだった。建物の駐車場からの出口を右翼街宣車が占拠して、鳩山氏の車が出られない。警察車両の誘導でなんとか道路に出たものの街宣車が追いかけ、ついには鳩山氏の車が街宣車に包囲される事態に至る。鳩山氏の車に乗り込んだ神田署員の機転でようやく包囲網を振り切った。

今回の催しのために出動した警察官・機動隊員は約110人。明大職員も10人近くが出動した。閉会あいさつで、村岡氏は多くの人々の警備協力があってシンポが平穏に開催できたことに言及。そして、「『ポリ公帰れ』なんていうんじゃなくて」この意味をよく考えようと来場者に呼びかけた。

元右翼団体幹部の武寛《たけひろし》氏が書いている。「街宣車で流してたって、一般大衆を啓蒙しようなんて意志も能力もまったくありません。オドロオドロしい街宣車で大音声を出しているのは一種のキャンペーンです。つまり、嫌なやつが来た！　恐ろしいやつが来た！　関わり合いになりたくない！　と思わせるための威嚇《いかく》行為です。（略）そのこと自体は直接金銭に結びつきませんが、間接的に絶大な効果を発揮するのです」（同『我々の業界』63頁）。

その一つが言論空間の萎縮だろう。これだけ警察の世話になり、職員には休日出勤を強いてしまった。もう一度同じような企画を主催する胆力は私にはない。まさに先方の思うつぼだ。暴力と威迫への対処に疲弊《ひへい》して、言論の自由がじりじりと衰弱する。そんな「いやな感じ」を存分に味わった。

LATER ON　この出来事を『週刊新潮』10月22日号が「右翼街宣車が「鳩山由紀夫」元総理を包囲した神田小川町の攻防戦」と題して取り上げた。文中に「明大関係者によると」として、鳩山氏の講演内容を「〝南京大虐殺は30万人と言われていますが、たとえ1人でも中国の民間人を殺《あや》めたら謝罪するのは当たり前〟などと、悪びれる様子もなく滔々と話をしてました」と紹介している（134頁）。しかし、講演会場になった「グローバルホール」にいた明大の教員は私1人である。職員は全員が会場外で不測の事態に備えていた。「明大関係者」というからには、明大の教員か職員を指していよう。取材主は来場者から話を聞いて、その人を「明大関係者」に仕立て上げたとしか考えられない。きわめて不愉快な記事だった。なお、本文中の※は筆者による追記。

11.20——#56

臨時国会開かず外遊「決算の参議院」無視

10月21日付で、衆院では125人の、参院では84人の議員たちがそれぞれ名を連ねて、臨時国会召集要求書を衆院議長、参院議長を経て安倍晋三首相に提出した。だが、首相は11月12日に自民党の谷垣禎一《たにがきさだかず》幹事長と協議して、秋の臨時国会は召集しないことを確認し、翌日外遊に旅立った。これは憲法53条に明白に違反する。

政府・与党は首相の過密な外交日程や2016年度予算編成を、召集見送りの理由とした。元外交官の天木直人《あまきなおと》氏が自身のブログ「新党憲法9条」11月11日付で、前者を論破している。前日付『読売新聞』夕刊が首相の12月のインド訪問で政府が調整をはじめたことを報じたが、これは首相が国内での追及を逃れる口実づくりの「動かぬ証拠」だという。2国間の首相訪問の場合、もっと事前に決めて準備するのが「常だ」。

後者については、翌年度予算編成時期だからこそ、臨時国会を開くべきだと参院は考えてきた。参院には「十一月二十日問題」と呼ばれ、その実現が「参議院全体の悲願」とされた目標があった。

国の各会計年度の決算は、会計検査院による当該年度の「決算検査報告」とともに国会に提出される。それを受けて、衆院では決算行政監視委員会が、参院では決算委員会が当該決算を審査・議決し、そののち本会議も議決する。

財政法40条は「内閣は（略）歳入歳出決算を、翌年度開会の常会において国会に提出するのを常例とする」と定める。2014年度決算であれば、2016年1月召集の通常国会に提出されると読める。ただ、すでに前年末に翌年度予算政府案は閣議決定されている。通常国会で行なわれる前年度の決算審査が翌年度予算に反映される可能性はきわめて低い。これでは決算審査の意味がない。

1971年7月に就任した河野《こうの》謙三《けんぞう》参院議長の時代から、参院は「決算の参議院」を目指して地道に努力してきた。その重要な具体策が「決算の早期提出」の実現である。たとえば、2003年3月10日の参院決算委員会で、自民党の舛添《ますぞえ》要一《よういち》議員（当時）は「総理とそれから財務大臣、やっぱり決算委員会はこの時期じゃなくて、秋、12月に開かぬと駄目ですよ」と迫っている。特養老人ホーム等の整備推進をめぐって2001年度決算で1300億円の余剰が判明したのに、2003年度予算では加えて1500億円の補助金が計上されている。「これ、去年の12月にこの決算委員会開かれていたら、通常国会で止めますよ」。

同年5月7日に開かれた参議院改革協議会（青木幹雄座長、当時）は、03年度決算以降は、決算の国会提出を早め、会計年度の翌年の11月20日前後に提出することを政府に要請することで合意した。

その結果、2003年度決算が「常例」より早く、2004年11月19日に国会に提出された。予算政府案決定前の審査入りが可能になったのである。それ以降、秋の臨時国会が召集されなかった2005年を除いて、毎年11月20日前後に前年度決算が国会に提出されてきた。参院のHPは「決算審査の内容を予算編成に反映させるという予算・決算のサイクルが確立されてきました」と誇らしげだ。

「決算の早期提出」の定着は参院の存在感を顕《あらわ》す「悲願」であった。それを無視されて、与党の参院議員は憤りを感じないのか。

LATER ON　2015年秋の臨時国会に提出されるはずだった2014年度決算は、2016年1月の通常国会に提出された。同決算はその会期中の5月25日に参院本会議で是認された。参議院は2013年度決算を2015年の、2012年度決算を2014年のそれぞれ通常国会の会期中に滞りなく是認している。「決算の参議院」の意地であろう。

一方、衆議院では2014年度決算は2016年の通常国会では議了できず、継続審議となった。実はこの時点で衆議院は、2012年度決算および2013年度決算も議了していなかった。2016年9月召集の臨時国会で2015年度決算も提出されたので、衆議院は4か年度分の決算をためこんでしまった。同年11月28日の参院本会議で日本維新の会の清水貴之議員は、「衆議院でいまだに平成二十四（2012）年度、二十五（2013）年度決算が議案となっていることは誠に遺憾であります。企業の決算では考えられない（略）各党各会派が決算審議の迅速化に向けて努力をし、予算の作成過程にしっかりと反映させるべきだ」と正しく批判した。衆議院はようやく2017年1月の通常国会で、これら4か年度の決算を同年4月と6月に2年度分ずつ2回に分けて議決した。

12.18——#57

会計検査も憲法違反？秘密文書は未提出か

会計検査院という孤高の役所がある。三権のいずれからも超然として、国費の無駄遣いをチェックする。毎年11月上旬に、前年の国の支出入すべてをコツコツと検査した分厚い「決算検査報告」を首相に提出する。今年は11月6日に河戸《かわと》光彦《てるひこ》会計検査院長が安倍晋三首相に手交した。

毎年この日が地味な役所のいわば「ハレ」の日である。手渡すシーンがＮＨＫの夜7時のニュースで必ず流される。それが済むとまた地道な「ケ」の日々に戻る。

ところがいま、会計検査院のかつての指摘が注目を集めている。特定秘密保護法案が閣議決定される前の２０１３年9月に、会計検査院が内閣官房に次の懸念を伝えていたというのだ。法成立により秘密指定を受けた書類が省庁から提出されなくなりかねず、これは「すべてを検査するとしている憲法の規定上、問題」だ、と（12月8日付『毎日新聞』）。

この件は特定秘密保護法施行1年と符節を合わせて、『朝日新聞』、『毎日新聞』、『京都新聞』などの社説で取り上げられた。

確かに日本国憲法90条は、「国の収入支出の決算は、すべて毎年会計検査院がこれを検査し」と定めている。一方、明治憲法72条は「国家ノ歳出歳入ノ決算ハ会計検査院之ヲ検査確定シ」であった。憲法改正のために、１９４６年2月13日に日本政府に示されたＧＨＱ草案には、84条として「会計検査院ハ毎年国家ノ一切ノ支出及歳入ノ最終的会計検査ヲ為シ」と記されていた。「一切ノ」が日本国憲法では「すべて」になった。

一語が加わった意味は大きい。憲法学者の佐藤《さとう》功《いさお》の解説を引く。〈「すべて毎年」とあることはいっさいの収入支出の決算が必ず毎年検査さるべきことを特に要求したものであり、（略）機密費を検査から除外したり、いわゆる臨時軍事費のように数会計年度にわたって検査を行わなかったりすることは許されない〉（『ポケット注釈全書 憲法（下）』１１８４頁）。

帝国議会での憲法改正審議で、金森《かなもり》徳次郎《とくじろう》憲法担当国務大臣は「機密費も検査の客体になることが憲法上認められて支障のないことだ」と答弁した（１９４６年９月25日・貴族院帝国憲法改正案特別委）。また、佐藤のいう臨時軍事費とは臨時軍事費特別会計を指している。４例あり、昭和に入ってのそれは１９３７年９月に設けられ、日中戦争からアジア太平洋戦争までの戦費調達に大いに寄与した。戦争終結をもって１会計年度とするため、陸軍省・海軍省はその間帝国議会に決算報告する義務はなく、当然決算検査はできない。不足すれば追加予算が組まれる「打ち出の小槌」であった（鈴《すず》木《き》晟《あきら》『臨時軍事費特別会計』）。

さて、上述の『毎日』記事によれば、会計検査院は条文修正を要求したが容れられなかった。ただ、内閣官房は法施行後も以前と同様に検査に応じる旨の通達を省庁に出すと約束はした。しかし、それはいまだに果たされていない。

憲法に違反して臨時国会は召集されなかった。そのあおりで、国会の同意が必要な人事が滞っている。定員３人の会計検査院の検査官も１人が欠員のままである。検査官３人（１人は院長）による検査官会議によって会計検査院としての意思決定がなされる。安倍さん、まさかこの人事にまで手を突っ込まないだろうね。

LATER ON 本文中の２０１５年12月８日付『毎日新聞』の報道をめぐる「決着」の仕方は、＃33のLATER ONに書いた。空席だった検査官には、２０１５年２月に任期が切れていた柳麻理氏が2016年2月にようやく順当に再任された。

2016 政治時評

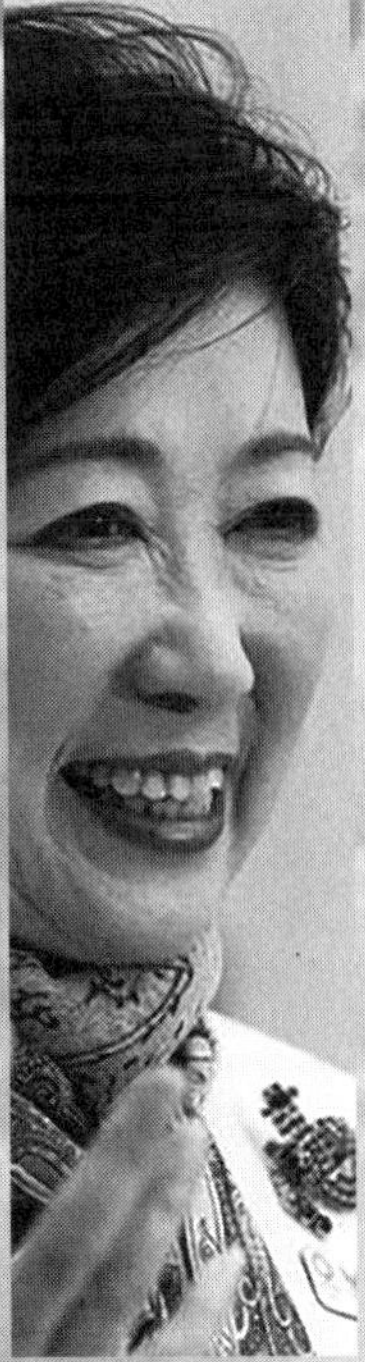

1.15 軽井沢町の国道 18 号碓氷バイパスで、スキー客を乗せた夜行バスが崖下に転落、15 名が死亡
1.28 甘利明経済再生相が金銭問題で閣僚辞任を表明
2.7 北朝鮮が長距離弾道ミサイルを発射し、沖縄地方の上空を通過
3.27 民主党と維新の党が合流し「民進党」が旗揚げ
4.14、16 熊本地震発生
5.26 ～ 27 伊勢志摩サミット
5.27 オバマ米大統領が現職米大統領として初めて広島を訪問
6.21 舛添要一東京都知事が政治資金流用などで辞職
6.23 国民投票で英国の EU 離脱支持票が過半数に
7.1 バングラデシュの首都ダッカでレストラン襲撃人質テロ事件勃発、7 人の日本人が死亡
7.14 天皇の生前退位の意向が報道
7.26 相模原障害者施設殺傷事件で入所者 19 人死亡
8.2 小池百合子が東京都知事に就任
8.3 北朝鮮の中距離弾道ミサイルが秋田県男鹿半島沖の西方 250km に着水
8.5 ～ 21 リオ五輪
8.31 小池東京都知事が築地市場の豊洲新市場への移転の延期を表明
9.3 藤井聡太棋士が史上最速の 14 歳 2 カ月でプロ入りを内定
9.15 蓮舫が民進党代表に選出
9.20「都民ファーストの会」発足
11.7 労働基準法違反の疑いで電通本社を厚労省が強制捜査
12.13 普天間飛行場所属のオスプレイ 2 機が同日に事故、1 機は名護市沿岸に墜落、1 機は飛行場で胴体着陸
12.15 統合型リゾート（IR）整備推進法が成立
12.15 日露首脳会談
12.21 高速増殖原型炉もんじゅの廃炉が決定
12.22 糸魚川市大火

1.22――#58

衆参同日選もくろむ任期軽視の安倍政権

すべては計算ずく。安倍晋三政権が昨年秋、憲法違反の声を無視して臨時国会を召集しなかったのは、今年7月に衆参同日選を可能にするためだった。

召集を見送った代わりだと称して、通常国会の召集を例年の1月後半から早める口実が生まれる。そして、召集日は大幅前倒しの1月4日だった。

1992年から通常国会は1月召集に変わった。それ以降これまで最も早かった召集日は、2009年の1月5日である。このときは前年秋の臨時国会の会期が延長され、12月25日に会期を終了した。政権は第二次補正予算案の臨時国会提出を断念して、その審議時間確保のため異例の早期召集に踏み切った。時の首相は麻生太郎・現副総理兼財務大臣である。

今回も補正予算案の審議はある。しかしねじれ国会だった麻生政権のときと現在とでは国会情勢がまったく異なる。それでもなぜ前例のない1月4日なのか。「参院選があるから」はたいした根拠にならない。参院選の選挙年では、98年の1月12日召集がいちばん早い。

理由は参院選の投票日の設定にかかわる。1月5日召集では、公職選挙法32条2項の規定で、投票日は日曜日とすれば6月26日に決まってしまう。1月6～12日のいずれかでは7月3日となる。選挙権年齢を18歳以上に引き下げる改正公職選挙法の施行日は6月19日である。上記二つの投票日では、公示日が法施行前となり、18歳・19歳は投票できない。なので、1月5日以降の召集日は不可となる。正月三が日を除けば、1月4日召集のみが、公職選挙法32条1項の適用を受け、投票日は6月26日、7月3日、10日、17日、24日のうちから選べる（2015年10月28日付『読売新聞』）。

二階俊博《にかいとしひろ》・自民党総務会長は、1月9日に「（安倍晋三首相側が）同日選挙をしたいと思っているのは間違いない」と述べた（1月10日付『朝日新聞』）。通常国会会期末の6月1日に解散すれば、憲法54条1項の定める解散から40日以内の総選挙の実施に、7月10日がぎりぎり入る。

つまり、1月4日召集ならば改正公職選挙法に則った参院選が執行でき、同日選も可能となる。2017年4月の消費税率引き上げ前に、加えて自衛隊が「駆けつけ警護」など新たな任務を付与されてPKOに派遣される可能性のある今年秋前に、総選挙を行ないたい。同日選となれば、与党大勝が見込め、憲法改正発議へ大きく前進できる。同日選に消極的な公明党には軽減税率で貸しをつくった。これが政権の胸算用だろう。

過去に同日選は1980年と86年の2回ある。その後30年間封印されてきた。これは重い事実だ。しかも、第46回衆院選（2012年12月16日）と第47回衆院選（14年12月14日）の間は2年しかなかった。もし今年7月10日に同日選となれば、その間は1年7カ月である。4年の衆院議員の任期が収まる期間に2回も総選挙が実施された例は、日本国憲法下では1953年の「バカヤロー解散」と80年の「ハプニング解散」が関係する二つの期間のみである。いずれも偶発的要素に起因する解散であった。4年の任期を軽んじてはなるまい。

とはいえ、安倍政権は制度や慣行、前例に頓着せず「意志」を貫いてきた。「そんなの関係ねぇ」（古い！）ということか。

2.19——#59
終わらない人権犯罪 ハンセン病家族が提訴

安倍晋三首相は1月26日、ハンセン病に関する「『グローバル・アピール2016』宣言式典」に出席して、こうあいさつした。「ハンセン病に関する歴史や正しい認識を風化させることなく、確実に次の世代に引き継いでいく取り組みを進めていく」（1月26日付ウェブ版『産経ニュース』）。

偶然にも、私はその4日前の1月22日に東京・東村山市にある国立ハンセン病資料館を見学した。ハンセン病の国立療養所・多磨《たま》全生園《ぜんしょうえん》に隣接している。JR武蔵野線・新秋津駅から歩いて20分くらいかかった。

ハンセン病患者は筆舌に尽くしがたい非道な扱いを、法的根拠に基づいて受けてきた。国は1907年に「癩《らい》予防ニ関スル件」なる法律を定め、放浪する患者の収容に乗り出す。恐ろしい伝染病と考えられたため、辺鄙《へんぴ》な土地に療養所が建設されていく。多磨全生園は1909年の創立である。

1931年の「癩予防法」の制定により、国はすべての患者を一生涯隔離する「ハンセン病絶滅政策」を推し進めた。各県では「無癩県運動」が展開され、患者はまるで犯罪者のように警察官立ち会いの下、収容されていった。映画『砂の器』(74年)で加藤嘉《かとうよし》が扮する患者が、療養所へ移送される列車を待つ駅のホームで、追いかけてきた息子と抱き合う。このシーンは涙なしには見られない。

脱走を防ぐために、患者には現金ではなく療養所内でのみ通用する「園内通用券」が渡された。これに映画監督の宮崎駿《みやざきはやお》氏は衝撃を受けた(1月29日付『朝日新聞』)。私がいちばん心を凍らせたのは、夫婦舎の存在である。療養所への定着などの観点から、入所者同士の結婚が認められた。「夫婦舎ができてからも、10畳から12畳半程度の部屋に、3－4組の夫婦が雑居させられた。(略)夜はちゃぶ台などを仕切りにして性交渉をもった」(同資料館の展示パネルより)。究極の人権侵害だ。

夫妻間に子どもができても療養所内では育てられない。「らいの子ども」の引き取り手はいない。そこで男性患者には輸精管結紮《ゆせいかんけっさつ》手術が半強制的に施され、妊娠した女性患者は中絶手術を受けさせせられた。映画『あん』(2015年)で樹木希林《ききききりん》が演じる元患者は、せっかく授かった子どもを堕《おろ》すことを余儀なくされたと打ち明ける。

「癩予防法」は1953年に「らい予防法」へと引き継がれた。その15条には「入所患者は

（略）国立療養所から外出してはならない」とある。すでに有効な治療薬は開発されていたが、隔離政策は継続された。「らい予防法の廃止に関する法律」の制定は、なんと1996年のことである。98年に元患者らは国の政策を違憲だとして集団提訴した。2001年に熊本地裁は違憲性を認める判決を言い渡した。そして、時の小泉純一郎首相は控訴断念を表明する。

被害者は元患者だけではない。元患者の子どもなど家族も差別や偏見により一生を台無しにされた。2月11日付『東京新聞』は、父が元患者の女性の悲痛な叫びを伝える。「私は人生で、幸せと思ったことなんて一度もない」。

2月15日に患者の子どもら家族が熊本地裁に提訴する。国家の魔性を象徴する「人権犯罪」である。国は真摯《しんし》に反省し謝罪して、冒頭の首相あいさつがリップサービスでないことを証明してほしい。

LATER ON 私は国立ハンセン病資料館を見学したあと、これはぜひ学生に観てほしいと強く思った。私の担当科目名は国家論である。まさにうってつけだ。そこで2016年度の授業から、受講生に国立ハンセン病資料館を見学させて、その感想文を書くことを課題に課している。学期末には映画『あん』を必ずかける。学生たちが、国家固有の冷酷な本質を体感してくれればと念じている。

3.18――＃60

「改憲は党是」なのか？ 違いますよ、安倍首相

安倍晋三首相は3月2日の参院予算委員会で、「自民党は立党当初から党是《とうぜ》として憲法改正を掲げている」と答弁した。昨年9月24日の記者会見でも、「改憲は党是なので次の参院選でも公約に掲げる」と述べている。

憲法改正を唱える根拠に、立党以来の「党是」を持ち出している。だが、首相のこの主張は事実なのか。党の基本文書で確認する。

1955年11月15日の自民党立党時に、「立党宣言」「綱領」「党の性格」「党の使命」および「党の政綱」という五つの文書が採択された。「使命」と「政綱」に「現行憲法の自主的改正」が謳《うた》われた。つまり立党当初、最上位文書の綱領には憲法改正は盛り込まれなかった。

その後、綱領改定の気運は10年ごとの立党の区切りが近づくたびに党内で高まる。1965年1月制定の自由民主党基本憲章には、憲法改正への言及はない。1975年の立党20年に際しては、綱領・政綱の見直しが二回試みられた。一つは1974年11月に党綱領委員会がまとめた新綱領草案であり、もう一つは党政綱等改正起草委員会によって1975年11月に示された新政綱草案である。前者は憲法改正に触れていなかったため、改憲派からの異論が強く決定

は見送られた。後者はその前文に「国民の合意を得て現行憲法を再検討する」と入れた。改憲派は「再検討という表現では弱すぎる」と批判し、これも頓挫《とんざ》した。

立党30年に当たる1985年には、4月に党政綱等改正委員会が設置された。同委員会は10月に新政策綱領の原案を明らかにする。そこでは、「絶えず厳しく憲法を見直す努力を続ける」と記された。政綱にある「現行憲法の自主的改正」という表現は削られたのである。改憲派は猛反発し、新政策綱領でその文言が復活する。

1995年の立党40年のときは、前年発足の党基本問題調査会が党綱領などの見直しに着手する。憲法問題をめぐって護憲派・改憲派の間で激しい綱引きがなされた。その結果、1995年3月の党大会で決定した新宣言ではこうなった。「二十一世紀に向けた新しい時代にふさわしい憲法のあり方について、国民と共に議論を進めていきます。」

ついに、「現行憲法の自主的改正」が党の公式文書から消えた。「党是」ではなくなったのである。

しかし、立党50年に至って扱いは逆転する。2004年9月に新理念・綱領に関する委員会がつくられた。当時の安倍晋三幹事長がその職を辞するまで委員長を務めた。そこで詰められた新綱領が、2005年11月の立党50年記念党大会で発表された。その第一項は「私たちは近い将来、自立した国民意識のもとで新しい憲法が制定されるよう、国民合意の形成に努めます」と誓っている。

ところで、自民党は立党からこれまで5種類の党史を刊行している。最新のものは、安倍総裁下で2006年に出された『自由民主党五十年史』である。同書で、立党時を記述した節は「憲法改正を党是に」と題されている。それ以前の4種類の党史にはなかったタイトルだ。安倍史観というべきか。

憲法改正をめぐっては激しい党内対立があった。なのに、憲法改正を立党当初からの「党是」と言い張るのは虚偽とまでは難じないが、神話に近い。あるいは、首相が忌み嫌う「レッテル貼り」だろう。

LATER ON 『世界』2017年7月号に、河野洋平・元自民党総裁のインタビューが載っている。その中で河野氏は、自民党結党の経緯や1995年の党大会で採択された「新宣言」に言及した上で、「自民党が一貫して改憲を党是としてきたというのは嘘なのです」と断じている。「私は、改憲には絶対に反対です」とまで明言する。私も本文の最終段落で「虚偽」とはっきり書けばよかったと「萎縮」を後悔した。

4.15——#61

これが「最高傑作」？ あけすけな強迫の書

百田尚樹《ひゃくたなおき》氏が2月に新著を出した。『カエルの楽園』(新潮社)である。帯には、「これは私の最高傑作だ」との著者本人による絶賛の弁が躍る。さらに「全国民必読」とあるので、素直に従ってみた。

ツチガエルの国・ナパージュが「三戒」を破棄できなかったばかりに、ウシガエルが棲む巨大な隣国に攻め込まれ滅びるというおとぎ話だった。「三戒」とは「カエルを信じろ」「カエルと争うな」「争うための力を持つな」である。明らかにウシガエルの国は中国を示唆している。

巻末には「この物語はフィクションであり、実在の人物・団体等とは一切関係ありません」とある。しかし、この一文が秀逸なジョークと思えるほど「関係」はバレバレで、著者のあけすけな本音が寓話に仮託して説かれている。三点にまとめれば、①中国がいかに邪悪な国であるか、②『朝日新聞』がいかに愚劣な新聞であるか、③安倍晋三首相がどれほど卓越した指導者であるか。

まず①について。ウシガエルは次のように紹介されている。「あらゆるカエルを飲みこむ巨大で凶悪なカエル」(33頁)、「あいつらは何でも食う」(34頁)、「ウシガエルの凶暴さはみんなが知っています」（90頁）、「ウシガエルは危険なカエルだ」（１０１頁）、「巨大な醜悪《しゅうあく》なウシガエルの姿」（１０９頁）、「ウシガエルの奴らは根っからの嘘つきだ」（１３１頁）。

本書に登場する主なカエルには、各自に名前が付けられている。「ナパージュ一の嫌われもの」（62頁）と陰口を叩かれているツチガエルのハンドレッドは、百田氏の分身だろう。そのハンドレッドがこう説明する。「ウシガエルたちがこの国を襲わなかったのは、少し前まで、連中の多くがオタマジャクシだったり、病気で弱っていたからだ」（65頁）。

次に②について。デイブレイクという名の「三戒」護持のツチガエルが、集会でしばしば演説する。『朝日新聞』による国民「洗脳」の比喩に違いない。ハンドレッドはデイブレイクをこきおろす。「デイブレイクはナパージュの悪口が大好きなカエルなんだ。ナパージュのカエルを貶《おとし》めるためなら、どんな嘘だってつく」（１３２頁）、「デイブレイクはこの国一の物知りと言われていて、嘘をつかないと思われている。実際は大嘘つきなのに！」（１３３頁）、これに群がる「進歩的カエル」は「カエルのクズ」（１９４頁）だ。若宮啓文《わかみやよしぶみ》・朝日新聞論説主幹（当時）が「夢想」した「友情島」ならぬ「友情草むら」（２１９頁）も出てくる。

最後に③について。この国には元老会議が置かれている。元老7匹のうち一番若いのがプロメテウスである。安倍首相よりカッコいい。ウシガエルの侵入に毅然とした対応を主張する。支持が徐々に広がっていく。「プロメテウスさんはナパージュを守ろうと真剣に考えているんじゃないでしょうか」（１２６頁）。プロメテウスは決然と言う。「それ〔三戒—引用者〕以上に大切なものがあります。それはナパージュのカエルたちの命です。もし三戒がナパージュのカエ

ルたちの命を危うくする時には、三戒を破るのもやむなしと思います」（190頁）
帯には「警世の書」とある。実際には「強迫の書」だ。『ど根性ガエル』を読んで笑いたくなった。

LATER ON 百田氏はその後もご活躍で、近著の『逃げる力』（PHP新書）や『戦争と平和』（新潮新書）も売り上げ好調のようである。書店の新書コーナーに立つたびに疎ましい気持ちにさせられる。2017年10月27日の沖縄・名護市での講演では、同県東村高江周辺のヘリパッド建設反対運動について「日当が何万円と払われている」「中核は中国の工作員だ」などと語った。その根拠を問われると「ない。そうとしか思えないと言っただけ」と開き直る始末である（2017年10月28日付『沖縄タイムス』）。こんな偏見に満ちた御仁がいつまでのさばるのだろうか。

5.20 —— #62

早くもポスト舛添へ出るか野党統一候補

舛添要一《ますぞえよういち》・東京都知事の身辺が慌ただしくなった。5月11日発売の『週刊文春』は「舛添都

知事 血税タカリの履歴」として、そのカネ遣いの公私混同ぶりを5頁にわたって追及している。13日に開かれた記者会見で、知事は見苦しい釈明・謝罪に終始した。

たとえば、２０１３年と14年の正月に知事は家族と千葉県木更津《きさらづ》市のホテルに宿泊費約37万円は「会議費」として、当時の政治団体の収支報告書に計上されている。家族旅行の費用に政治資金を流用したのではないか。こう質《ただ》された知事は、家族と宿泊した部屋で会議を開いたと説明した。ただし、出席者がだれであったかも出席人数も「お答えを差し控えたい」という。これでは会議の存在証明にならない。料理店での私的な飲食費を、収支報告書の「飲食代」として計上した件については、収支報告書を訂正削除し返金する旨を約した。もちろん、返金して許される話ではない。

橋下徹《はしもととおる》・前大阪市長は「土下座してダメだったら辞職だね」とツイートした。進退については都議会の対応が焦点となろう。知事は前任者の猪瀬直樹氏と同じ轍を踏むのか。早くもポスト舛添として橋下氏や東国原英夫《ひがしこくばるひでお》・元宮崎県知事の名が取りざたされている。

14年2月の都知事選の苦い記憶がよみがえってくる。自民党都連と公明党都本部が推薦した舛添候補、共産党、社民党などが推薦した宇都宮健児《うつのみやけんじ》候補、そして民主党などが推薦した細川《ほそかわ》護熙《もりひろ》候補の事実上三氏による選挙戦となった。結果は舛添氏が２１１万票あまりを獲得し、他の二氏に倍以上の差をつけて圧勝した。

この選挙前に私は本欄で細川氏に投票する旨を明かし、宇都宮氏の立候補取り下げを求めた。細川氏のほうが「風」をつかめると考えたのだ。すると、本誌投書欄でずいぶん叩かれた。しかも、宇都宮氏の得票が細川氏のそれを2万6000票ほど上回ったので、自らの主張の結果責任も問われた。

ただ、落選した宇都宮・細川両氏の得票合計は194万票に近かった。舛添氏の得票の91・75%にあたる。これまで19回の都知事選で次点候補者が当選者に最も肉薄したのは1967年の美濃部《みのべ》亮吉《りょうきち》氏（当選）に対する松下正寿《まつしたまさとし》氏の93・79%である。91・75%はそれに次ぐ肉薄率になる。75年の美濃部三選に挑んだ石原慎太郎氏でさえ86・90%にとどまった。

昨年の安保法成立以降、野党は結束を強めている。今夏の参院選では、32ある1人区のうち26選挙区で野党統一候補が擁立される見通しだ。言うまでもなく、共産党が候補者を取り下げたのが大きい。2013年の参院選の時は31の1人区のうち、30選挙区で共産党は独自候補を立てていた。同党の志位和夫委員長は先月11日の第5回中央委員会総会の結語で、「〔共産党に対して──引用者〕これまでは『独善の党』（略）という見方もありました」と述べた。評価は他者が決める。「見方」を紹介したのは、それを自覚したことを示唆していまいか。

都知事選は有権者1000万人以上で一人を選ぶ日本最大の首長選挙だ。組織だけでは勝てない。橋下、東国原クラスの知名度で「風」を起こせる野党統一候補を探し出せるか。もし都知事選となり、野党統一候補が当選すれば、日本政治の潮目はがらりと変わる。

LATER ON 舛添都知事は6月に辞職し、翌月に都知事選挙となった。ジャーナリストの鳥越俊太郎氏（当時76歳）が野党統一候補として擁立された。与党は増田寛也前岩手県知事を推薦した。結果は、無所属の小池百合子候補の圧勝に終わった。鳥越氏が高齢だったことに加えて、選挙期間中に鳥越氏に対して「文春砲」が放たれたのも大きく響いた。

6.17 ―― #63

「たなぼた」選挙権だが、活かせ若者よ

いよいよ6月19日に改正公職選挙法が施行される。選挙権年齢が18歳に引き下げられ、ようやく日本も「世界標準」に追いつく。有権者全体のほぼ2%の約240万人が新有権者となる。

東京大学の宇野重規《うのしげき》教授は「若い世代の声をいかに政治に反映させるかは喫緊の課題である。『シルバー・デモクラシー』が語られるなか、18歳選挙権はそれに対して象徴的な意味をもつかもしれない」と評価する（『Voters』30号）。

英国で選挙権年齢が21歳から18歳に引き下げられたのは、1969年である。米国では、同様の引き下げを定めた憲法修正26条が1971年に発効する。それに合わせて、日本の自治省（当時）も検討を始めたが、各種の世論調査ではいずれも引き下げ反対が賛成を上回った。「『実現はまだ先の先』というのが自治省の結論である」（1972年3月20日付『読売新聞』）。

2016

選挙権年齢引き下げが再び議論されるのは、1990年代以降のことである。95年から日本は高齢社会となった。99年8月2日付『朝日新聞』社説は、「急激に進む少子高齢化を考えると、選挙権年齢の引き下げは重要な意味を持ってくるように思われる」と書いた。2002年9月16日付『毎日新聞』社説は、「今の日本では、ハイスピードの少子・高齢化の進行が選挙権年齢の引き下げを求めている」と主張した。「世界標準」に合わせることに加えて、少子高齢社会で負担増となる若年層への対応が、選挙権年齢引き下げの主な論拠であった。さらに、別の文脈で大きな力が働いた。

2000年に衆参両院に設置された憲法調査会は、05年に最終報告書の取りまとめにかかる。これと並行して与野党は憲法改正のための手続法立案に着手する。06年5月26日に、与党の自公両党と野党の民主党が別々の国民投票法案を国会に提出する。国民投票の有権者年齢は与党案が20歳以上、民主党案が18歳以上であった。

与党が民主党に歩み寄り「投票権者は原則18歳以上（当面は20歳以上）」として、07年5月に国民投票法が成立する。ただし、2010年の法施行までに公職選挙法や民法などの年齢規定の18歳以上への引き下げを検討することが附則に盛り込まれた。ところが、その検討は進まず、この点を手当てした改正国民投票法が14年6月に成立する。附則で、選挙権年齢引き下げについて「速やかに必要な法制上の措置を講じる」と明記された。これを意識した協議が与野党間で急速に進み、ついに15年6月17日に改正公選法が成立する。

ここで確認したいのは、憲法改正論議がなければ18歳選挙権は実現しなかった点である。普選運動や女性参政権獲得運動を背景とした従来の選挙権拡大とは経緯を異にする。いわば「たなぼた」式にもたらされた18歳選挙権である。

ちなみに、米国で上記の憲法修正がなされた理由の一つに、ベトナム戦争で若者が徴兵により兵役に服していたことがある。ならば選挙に参加させてしかるべきだと。今回の法改正を安保法の施行と関連づけるのは飛躍が過ぎよう。だが、選挙に参加するからには国への応分の義務や責任を果たせ、とは言い出しやすい論理だ。

それでも、18歳選挙権が若者の政治離れを抑える「気づき」の原点になればと、私は期待している。

LATER ON　18歳・19歳有権者がはじめて国政選挙で選挙権を行使した2016年7月の参院選の投票率は、18歳が51・28%、19歳が42・30%だった。両者を合わせると46・78%になる。有権者全体の投票率57・70%には遠く及ばなかったが、20歳から39歳までの5歳刻みの年代の投票率のいずれをも上回った。初回の「ご祝儀相場」であることは割り引かなければならないが、まずまずの結果といえよう。

同年12月に日本学術会議政治学委員会政治過程分科会などの主催で、これを振り返る公開シンポジウムが開かれた。そこでの報告の一つに、東京、名古屋、関西にある四大学の一・二年生を対象に、同年9〜10月に行われた政治意識アンケートの結果を分析したものがあった。有効回答数は523件である。中でも興味深かったのは、親に「投票

2016

に行け」と言われた学生の約9割が実際に投票に行ったと回答したことである。「選挙があれば、親と一緒に投票に行く」との問いに対して、約3割が「かなりあてはまる」、約2割が「ある程度あてはまる」と答えている。政治学では「政治的社会化」というが、それに果たす親の役割の大きさを改めて思い知らされた。長女が18歳になったので、選挙の折にそれを励行した！

7.15——#64

野党共闘、大きな成果　束になる戦略徹底を

何の因果か。3年前の参院選の結果が出た週に発行された本誌「政治時評」の担当者は私だった。今回もまた私の番になった。3年前に私は本コラムを、〈私たちにとってこの三年間を「拮抗力」を鍛える「千載一遇の好機」にしなければならない。／「マイナスからプラスへ！」〉と結んだ。

前回の参院選でねじれ国会を解消し、安倍晋三政権はそれまでの「安全運転」から「暴走」に転じた。内閣法制局長官の首をすげかえて憲法解釈の変更を行ない、安保法制の成立まで突き進むとはまったく想定外だった。ただ、それへの「拮抗力」も徐々に形成され、選挙区のう

ち32ある1人区で野党統一候補が実現したのは、「プラス」と評価できよう。

結果は11勝21敗であった。3年前には、非自民系候補の1人区での当選者はわずか2人なので、大きな成果を挙げたといえる。「一強」には束にならなければ勝てないという単純な論理が、ようやく経験的に確認された。実は、千葉、神奈川、大阪、および兵庫の各選挙区では、次点と次々点が共産党と民進党の候補者である（兵庫はその逆）。しかも両者の得票合計は最下位当選者の得票を優に上回る。結果論だが、定員が複数の選挙区でも野党間の選挙協力を徹底させれば、当選者をもっと増やせた可能性は高い。

もちろん、各野党にとってこれ以上の「野合」は耐えがたかったのかもしれない。しかし、現在の政治状況はまさに「耐えがたきを耐え」るべき段階にある。

参院での自民党の単独過半数は辛うじて阻止したとはいえ、「与党大勝」（7月11日付『読売新聞』1面見出し）に変わりはない。改憲4党の合計獲得議席は161議席で、参院全議席の3分の2にあたる162議席にはぎりぎり届かなかった。だが、今回非改選の無所属・諸派の議員のうち少なくとも4人は改憲に積極的なため、「改憲3分の2 発議可能に」（同日付『産経新聞』1面見出し）は現実である。そして、今回の選挙で安倍首相は国政選挙4連勝を果たした（初回は自民党総裁）。これほど選挙に強い首相は珍しい。またぞろ総裁任期延長論が唱えられよう。

「弱い者が強い者に勝つには頭を使わなければならない」。野村克也・元東北楽天ゴールデンイーグルス監督のこの警句を各野党は傾聴する必要がある。

その強い首相だが、参院選公示後は憲法改正を争点とすることを徹底的に避けた。露骨な争点隠しである。7月11日付『日本経済新聞』「社説」は、〈改憲を前面にかかげなかったことで改憲ラインに達したが、それによってむしろ改憲に踏み切りにくい環境を自ら醸成してしまう「改憲の罠」に、はまるおそれがある〉と書いた。それでも、首相のこれまでの政権運営の手法をみれば、早晩、憲法改正が日程にのぼることは想定内だ。この攻勢をはね返すにも束になる戦略が求められる。

さて、参院選と同日に実施された鹿児島県知事選で、脱原発派の新人の三反園訓《みたぞのさとし》氏が現職の4選を阻んで当選した。川内《せんだい》原発の一時停止を公約し、「鹿児島県を自然再生エネルギー県にしていくことで雇用を生み出したい」（7月11日付『東京新聞』）という。悪いことばかりではないと救われた気分になった。東京都知事選もこれに続いてほしい。

LATER ON 2016年7月31日の東京都知事選でも野党共闘は実現したものの、「これに続いて」の結果にならなかった。敗因は#62のLATER ONに書いたとおりである。2018年6月10日の新潟県知事選も野党各党推薦候補が敗れた（同日の東京・中野区長選では野党推薦候補が勝利）。これについて、「無所属の会」の岡田克也衆院議員は自身のブログに、「選対本部が1つにまとまることができず（略）各党バラバラに活動する場面が多かったことなど、今後、反省すべき点は数多くある」と書いた。そして、「来年の参議院選挙も、少なくとも1人区において、候補者を一本化して、力を合わせて闘う、そういう中で、与野党逆転を参議院において実現する。その具体的可能性を感じさせる選挙でした」と締めている。「反省」を野党各党が共有し倦まずそこから学習して、「可能性」が現実になることを願うばかりだ。

8.19——#65

原爆投下決断を正当化トルーマン大統領の嘘

まさに戦慄《せんりつ》すべき内容だった。広島原爆の日の8月6日にNHKで放送された「NHKスペシャル　決断なき原爆投下〜米大統領　71年目の真実〜」をみた。

1945年4月12日のルーズベルト大統領死去により、トルーマン副大統領が大統領に昇格する。ただ、ルーズベルトが極秘に進めていた原爆製造計画である「マンハッタン計画」を、トルーマンはなにも知らされていなかった。4月25日、米軍原爆計画責任者であるグローブス准将は大統領執務室を訪れ、原爆計画の存在と進み具合をトルーマンに打ち明けた。そして、その継続の許可を得るため、24頁の報告書を提示した。だが、トルーマンはそこに書かれた計画の詳細を知ろうとはしなかった。

つまり、このときトルーマンは諾否について明確な意思表示をしたわけではない。それでもグローブスは認められたものと受け止めた。この計画には22億ドルもの国費が投じられていた。

「いったん始めた計画を止められるわけがない」（グローブスの証言）のである。軍としては、原爆が巨費に見合う絶大な破壊効果をもつことを証明する必要があった。

それに適した日本の都市はどこか。4月27日に軍は目標検討委員会を開いた。選ばれたのが京都である。5月30日、グローブスはスティムソン陸軍長官に呼ばれる。候補地を聞かされたスティムソンは強く反対した。京都に投下する軍事的必然性はなかった。

7月16日、原爆実験が成功する。グローブスは早期の実戦使用を渇望した。その前に日本が降伏し威力を証明できなければ、原爆開発に22億ドルを費消した責任者として、議会で厳しい追及にさらされるからだ。威力とは大量殺戮《さつりく》であるとの認識は彼には毛頭ない。これぞ軍事なるものの本質的思考なのだ。7月24日にスティムソンはトルーマンに軍の京都案を伝えたが、大統領は市民皆殺しの投下には否定的だった。

その後、軍から大統領に新たな報告書が上げられる。第一ターゲットは広島に変更されていた。理由として、広島は軍事都市であることが誇大に説かれていた。トルーマンの心証を慮《おもんぱか》った軍の作為は明白である。この報告書によって、トルーマンは広島ならば市民の犠牲は最小限ですむと誤認したという。そのナイーブさは信じがたい。

7月25日、グローブスが起草した原爆投下指令書が発令される。ところが、これを大統領が承認した事実を示す記録は見つかっていないのだ。軍の暴走は洋の東西を問わない。トルーマンは広島、長崎への原爆投下をいずれも事後に知らされた。8月10日、大統領はこれ以上の原爆投下の中止をようやく決断する。すでに21万人以上の市民が犠牲になっていた。

憤りを禁じ得ないのはこの先である。トルーマンは明確な決断をしなかった事実を隠蔽《いんぺい》して、原爆投下を正当化したのである。長崎投下の24時間後、トルーマンは国民向けラジオ演説で「戦争を早く終わらせ、多くの米兵の命を救うため原爆投下を決断した」と述べた。これが今日に至る原爆使用を正当化する「通説」の起点である。

要するに、原爆投下は軍の議会への釈明のためだった。それを止め得たのは軍の最高責任者である大統領のみである。曖昧《あいまい》な意思表示では文民統制は容易に骨抜きにされる。その最悪例に言葉もない。

9.16――#66

4日間のずれを解消 国民審査法が改正へ

ちょっとうれしいニュースがあった。衆院総選挙と同日に、最高裁裁判官の国民審査が行なわれる。しかし、期日前投票の開始日は総選挙が投票日11日前なのに対し、国民審査は投票日7日前である。これを総選挙と同じ11日前からに改める最高裁裁判官国民審査法改正案を、総務省が準備しているという。9月26日召集の臨時国会に提出される運びだ。

なぜ両者で4日の違いがあったのか。総選挙の公示日も国民審査の告示日も通常は投票日の

12日前である。総選挙は有権者が候補者名・政党名を記載する自書式なので、投票用紙の事前印刷は容易だ。期日前投票は公示日の翌日からはじめられる。一方、国民審査は投票用紙に審査される裁判官の氏名が印刷され、有権者が辞めさせたい裁判官に×を付ける記号式である。彼らの氏名を投票用紙に記載する順番は告示日にくじで決められる。その通知を受けて、各都道府県選管が投票用紙を印刷し、各投票所へ配送する。4日のタイムラグが設けられた理由はここにある。

こうした事情を有権者に十分周知するのは困難である。知らずに、最初の4日間に期日前投票を済ませる有権者は相当いる。2014年の国民審査の期日前投票者数は、総選挙のそれを約159万人も下回った。

もちろん、告示日はあらかじめわかっている。前もってくじ引き・印刷・配送を完了して告示日を迎えればいいはずだ。しかし、衆院解散から告示日までに、新たな最高裁裁判官が任命される可能性がある。憲法79条2項は「最高裁判所の裁判官の任命は、その任命後初めて行はれる衆議院議員総選挙の際国民の審査に付し」と定めている。なので、その者だけを次回送りにはできない。

ところで、今年6月に死去した鳩山邦夫氏は、地方選挙電子投票特例法改正案の提出者の一人だった。自民党と公明党の衆院議員が07年に共同提出した議員立法である(08年審議未了・廃案)。地方選挙の電子投票条例を制定している市町村に限って、国政選挙でも電子投票を実施し、国民審査の期日前投票期間は総選挙の「11日前から」に一致させるというものだ。

鳩山氏は総務大臣だった09年6月10日の衆院決算行政監視委員会で、野党議員から上記のタイムラグ問題を質《ただ》された。鳩山氏は「電子投票にすることによってぱっと間に合わせることができるのではないかということを随分議論した」と、自らかかわった法案の検討過程を答弁している。鳩山氏はこの問題に強い関心をもっていた。そして、総選挙と国民審査での期日前投票者数の差は、「最初のころできないという四日間の差に基づくものと思っております」と解決できない悔しさをにじませた。

今回の総務省案では、衆院解散直後から投票用紙の事前印刷を可能にする。そのあと、新たな任命があった場合には印刷をやり直して、期日前投票は「7日前から」に戻されるという。増え続ける期日前投票利用数を前に、総務官僚もやっと本気で知恵を絞ったのか。

この朗報は9月5日に共同通信が配信して、同日付の『東京新聞』や各地方紙に掲載された。『日経新聞』も同日付で伝え、『読売新聞』は翌日付となった。全国紙の『朝日』、『産経』、『毎日』が報じなかったのはいただけない。

LATER ON 読んだ妻から珍しく「こういうことだったのね」とお褒めの言葉をいただいた。法改正後の2017年に行われた国民審査の投票率は53・34%だった。前回2014年では50・90%である。投票率は2・44ポイント上がった。同日に実施の衆院総選挙の投票率は2017年が53・68%（小選挙区）で2014年が52・66%（同）だったので、1・02ポイントの上昇である。対前回比で、国民審査の投票率は総選挙のそれを倍以上も上回った。その要因の一つにこの法改正があると考えたい。2014年に比べて2017年の期日前投票者数は62・5％も増えているのだから。

10.14――#67

焼きそばと女性議員少ない現状に対策を

「焼きそば10皿食べられますか」――これは辻元清美《つじもときよみ》衆院議員（民進党）の言葉である。10月1日の日本政治学会・研究大会での「共通論題」とよばれる全体集会で、三浦まり上智大学教授が紹介した。三浦氏は、「ジェンダー・ギャップと選挙」と題する研究報告を行なった。

日本の女性議員の数は世界的にみてきわめて少ない。衆議院議員の女性比率は9・5％で、193カ国中157位である。なにが女性の政界進出を阻んでいるのか。それを象徴するのが冒頭の反語である。夏祭りの季節、議員は地元の祭りを毎晩はしごして顔を出す。各会場で焼きそばが出され、辻元議員は一晩で焼きそばを10皿食べることもある。「そんなこと、ふつうの女性にできますか」と辻元議員は反語を重ねたという。

男性議員とてそれは同様で、私が話を聞いた自民党のある若手衆院議員も、夏の夕食は毎晩焼きそばだとこぼしていた。それを「うまいっすねぇ～」と言いながら、平らげなければならない。必ずおでんも付くのだそうだ。彼らはこうした厳しい日常活動の末、小選挙区を勝ち抜く。頑健な胃袋が当選のための政治資本なのだ。

このような日常活動が当落を大きく左右する選挙制度では、女性議員は容易には増えまい。代わって、拘束名簿式比例代表制を活用し、比例名簿登載順を男女交互、あるいは女男交互とする方法が考えられる。三浦氏の試算によれば、２０１４年総選挙の比例区（定数１８０）を女男交互登載にすると、56人の女性議員が当選できる。実際の女性当選者は26人だった。

確かに、惜敗率による復活当選があり、同一順位に複数の候補者を登載できる現行制度で、上記の運用を各党が行なうのは困難だろう。だが、これを参考にさまざまな制度的工夫は考えられる（本誌16年３月４日号に三浦私案）。

ところで、ほとんど注目されないが、裁判官の世界でも女性の登用が緩慢ながらも進んでいる。女性裁判官数は09年４月15日時点で５７０人だった。それが年々漸増し、14年12月１日時点では７０３人となっている（『裁判所データブック２０１５』22頁）。最高裁裁判官は13年から女性が３人となり、三つの小法廷それぞれに女性最高裁判事が１人いる。高裁長官に女性が就いたのは、１９８７年就任の野田《のだ》愛子《あいこ》札幌高裁長官の１例のみだった。ようやく、２０１１年に２人目として一宮《いちみや》なほみ氏が仙台高裁長官に就き、14年の安藤裕子《あんどうひろこ》高松高裁長官、16年の綿引《わたひき》万里子《まりこ》札幌高裁長官と続いた。

地裁・家裁の所長についても、６年前の10年には女性所長は筏津順子《いかだつじゅんこ》那覇家裁所長の１人だけだった。今では、秋吉仁美《あきよしひとみ》さいたま家裁所長、山崎まさよ静岡家裁所長、川口代志子《かわぐちよしこ》新潟家裁所長、さらに稲葉重子奈良地家裁所長の4人がいる。また、所長を家裁と兼務しない地裁専任庁の女性所長は、11年まででわずか3人しかいなかった。だが、その後の5年間で早くも3人が就いている。綿引万里子宇都宮地裁所長、江口とし子長崎地裁所長、そして後藤眞理子熊本地裁所長である。

最高裁の人事当局は明らかに、女性裁判官の採用・昇進を意識している。「オヤジ司法」は静かに変わりつつある。

さて、原稿を書き上げた。お昼は焼きそばでも食べようか。

LATER ON　「政治分野における男女共同参画推進法」(候補者男女均等法)が2018年5月16日に参院本会議で全会一致で可決・成立し、同月23日に公布・施行された。本文で取りあげた三浦まり教授がこの法案作成を支えた。成立に際して、三浦教授のコメントが報じられた。「今後問われるのが、政党の本気度。強制するのではなく、まずは政党の自主的な取り組みを促そうという法律だからです。「候補者の何割を女性にする」「男女とも何割を下回らない」といったクオータ制を打ち出す政党が出てくることを期待しています」(2018年5月21日付『朝日新聞』)。2019年の統一地方選と参院選では、その「本気度」を各党は問われる。有権者にはそれを目印に投票先を決めてほしいと思う。

11.11——#68

富国強兵とつながる明治の日の制定運動

『男はつらいよ　寅次郎真実一路』（第34作・1984年公開）で、寅さんの甥《おい》の満男とマドンナの息子が「里の秋」を歌う。それを聞いておばちゃんが、「文化の日だねえ」と目を細めて言うシーンがある。この「文化の日」を「明治の日」に改称する動きが進みつつある。

明治天皇が生まれた11月3日は、1927年に「明治節」として祝日になった。48年の祝日法制定により「文化の日」と改められた。その前々年の同日は日本国憲法の公布日である。祝日法案の国会審議では、それが付託された参院文化委員会の山本勇造委員長（作家の山本有三）が、条文にある「文化の日」の規定を解説している。

「この日は、憲法において、如何なる国もまだやつたことのない戦争放棄ということを宣言した重大な日で（略）戦争放棄をしたということは、全く軍国主義でなくなり、又本当に平和を愛する建前から、あの宣言をしておる（略）この日をそういう意味で、『自由と平和を愛し、文化をすすめる。』」、そういう『文化の日』ということに我々は決めた」（同委員会・48年6月18日）

つまり、その日をめぐって山本の念頭には、戦争放棄を謳《うた》う新憲法の公布があった。「明治節」とのつながりは意識されていない。

いま「明治の日」制定を目指しているのは、「明治の日推進協議会」（会長・塚本三郎元民社党委員長）である。そのホームページによれば、〈「自由」・「平和」・「文化」は大切ですが（略）特定の一日と敢えて結び付ける必要があるでしょうか。それよりも、本来の由緒に基づく「明治の日」とし、明治時代を振り返ることを通じて国民としてなすべきことを考える契機にした方が良いと、私たちは考えています〉という。ただ、「文化の日」の「本来の由緒」は山本の主張のとおりである。

同会の役員には櫻井よしこ氏や、4月28日を「主権回復の日」として祝日化する運動の旗振り役の入江隆則氏や小堀桂一郎氏らが名を連ねる。２００８年に発足し集会や署名活動を行なってきた。16年11月1日には国会内で集会を開き、自民党を中心に14人の国会議員が出席した。その一人の稲田朋美《いなだともみ》防衛大臣は、「神武《じんむ》天皇の偉業に立ち戻り、日本のよき伝統を守りながら改革を進めるのが明治維新の精神だった」などと発言した。右翼は過去の「栄光」にうっとりするのが好きだ。約63万８０００筆の署名が集まったことも紹介された（11月2日付『朝日新聞』）。

安倍晋三首相も13年10月15日の所信表明演説で、「明治の日本人にできて、今の私たちにできないはずはありません」と呼びかけている。15年2月12日の施政方針演説にも同様の言い回しがある。

アメリカの政治学者C・E・メリアムも指摘するように、「記念日および記憶に残されるべき時代」を称揚するのは権力の常套《じょうとう》手段だ。安保法に基づく「駆けつけ警護」の任務付与で、自衛隊員の初の「国家死」が現実味を増す。富国強兵の勇ましい時代を美化して、その顕彰に備えようというわけか。

「明治の日」が制定されて冒頭の映画がリメイクされたとしよう。神武天皇の建国神話にちなむ、皇紀2600年記念の祝賀曲「海道東征《かいどうとうせい》」を満男が歌い、おばちゃんが「明治の日だねえ」と感極まる一齣《ひとこま》になるのかな。

LATER ON　2018年5月11日に「『明治の日』を実現するための議員連盟」（会長・古屋圭司衆院議院運営委員長）の設立総会が国会内で開催された。2018年が明治元年から150年に当たることが機縁になっている。古屋氏は「欧米列強の圧力をはねのけ、国家としての近代化を勝ち取った明治を見つめ直す必要がある」とこの時代を持ち上げた。発起人は稲田朋美・元防衛相、衛藤晟一・首相補佐官ら16人で、40人の参加があったという。議員連盟ならば超党派の議員が顔をそろえることが多いが、これは自民党議員だけで旗揚げされた。もし「本気」ならば、野党議員の参加も得て議員立法として改正祝日法を成立させる必要がある。ただ広がりはみられない。

12.9――#69

参院の誇りと知恵でカジノ法案を廃案へ

カジノを含む統合型リゾート施設（IR）整備推進法案（カジノ解禁法案）が12月2日午後の衆院内閣委員会で可決された。それに先立って、同日付『産経新聞』の「主張」は「カジノ解禁にまつわる懸念に向き合わないまま、スタートラインに立つ法案を押し通すなら、国民の不信は拡大するだろう」と拙速な議事運営を戒めていた。それが現実となった。6日の衆院本会議で可決され、本号発行の頃には参院内閣委員会での審議に入っていよう。

カジノ解禁法案は議員立法である。競輪、オートレース、競艇などのギャンブルの根拠法も議員立法によって成立している。やはり議員立法としてあわや成立しかけたバクチ法案に、畜犬競技法案（ドッグレース法案）がある。馬ではなく犬を走らせて、馬券ならぬ犬券を発売して行なうギャンブルである。1951年5月15日に国会に提出され、付託された衆院農林委員会では18日に実質的な質疑が行なわれた。質疑者は事実上、河野謙三《こうのけんぞう》議員（後の参院議長）1人だけだった（ほか2人が1回ずつ発言しているが、同法案には直接関係しない）。

河野は国家公安委員長に対して、当時悲惨な社会問題の温床となっていた競輪を引き合いに出し、ドッグレースにも同様の不安はないかと質した。そして、河野は質疑予定だった文部大臣の欠席を理由に質疑を保留して終えた。ところが、千賀康治《せんがこうじ》委員長は「大分質疑も詳細にわたつてここに実行されましたので」として質疑を打ち切り、採決した。その結果、賛成多数で農林委員会を通過し、5月21日に衆院本会議で可決され、畜犬競技法案は参院へ送られた。

参院では農林委員会と地方行政委員会の連合委員会での質疑となり、5月26日に約1時間半にわたってそれが行なわれた。参院での質疑はこれ1回にすぎない。実は参院は憲法59条4項のいわゆる60日ルールを逆手に取り、法案を握りつぶしたのである。この第10回国会の会期末は6月5日だったので、60日にはまったく足りず、衆院は参院のみなし否決を待って再可決することができなかった。

これにはモーターボート競走法の成立経過が関係している。同じ第10回国会中の3月12日に同法案が国会に提出された。3月29日に衆院運輸委員会で全会一致により可決され、続く本会議は賛成多数での可決となった。6月2日の参院運輸委員会でも賛成多数で可決された。しかし、直後の参院本会議はこれを否決する。「本院の果たすべき任務」が説かれた。そこで衆院は会期最終日の6月5日に本会議で採決し、3分の2以上の賛成多数で再可決・成立させた。

憲法59条2項に基づき、参院で否決された法案が衆院の3分の2以上の再可決により成立したのは、これがはじめてである。2例目は57年後になる。2008年12月12日に補給支援特別措置法が再可決・成立した。とまれ参院農林委員会はこの運びを横目で見ながら、採決しない戦略で畜犬競技法案を審議未了・廃案に追い込んだ。

さて、今国会の会期は12月14日までである。再延長されても60日は稼げない。参院内閣委委

2016

員長は民進党から出ている。ウィキペディアを見ると、20人の委員のだれもカジノ議連に入っていない。遠い前例に学び、廃案へ「良識の府」の誇りと知恵を見せてほしい。

LATER ON その後、統合型リゾート（IR）整備推進法案（本文中に「施設」を入れたのは誤り）は2016年12月6日の衆院本会議で可決され、12月13日に参院内閣委員会で可決、翌14日に参院本会議で可決・成立した。これを受けて政府は、事業者選定のための運営基準とギャンブル依存症対策を組み入れた統合型リゾート（IR）実施法案の策定に着手していく。2018年4月27日にこれを閣議決定し、国会に提出した。一方、上記の整備推進法案は、自民党の細田博之衆院議員ほか7名を発議者とする議員立法であった。

実施法案は同年6月15日に衆院内閣委員会で、19日に衆院本会議で可決され参院に送られた。政府・与党は6月20日までの会期を32日間延長までして、この通常国会での成立を図った。翌年の統一地方選、さらには参院選への影響を避けたかったためである。その結果、7月19日に参院内閣委員会で可決、翌20日の参院本会議で可決・成立にこぎつけた。

国会審議を通じて、2017年2月に訪米した安倍首相がカジノ企業のトップと朝食会でテーブルを囲んでいたことが明らかにされた。2018年6月1日の衆院内閣委員会における共産党の塩川鉄也議員の質疑による。この朝食会は全米商工会議所・米日経済協議会の共催によるもので、「ラスベガス・サンズの会長、MGMリゾーツの会長、シーザーズ・エンターテインメントのCEOなど、カジノ企業のトップが出席をしている」。とりわけ、ラスベガス・サンズのアデルソン会長は「トランプ大統領の最大の支援者」とのことである。朝食会にトランプ大統領自身は参加していないが、首相に米側の強い意向を「忖度」させるに十分だったことだろう。またぞろ米側からのガイアツに唯々諾々と屈するのか。

ちなみに、統合型リゾート（IR）整備推進法案も統合型リゾート（IR）実施法案も通称である。正式の法律名は前者が「特定複合観光施設区域の整備の推進に関する法律」、後者は「特定複合観光施設区域整備法」である。いずれも「リゾート」という言葉はない。さらに言えば、日本の法律文には「リゾート」という言葉は一切用いられていない。

1987年に当時の国土庁はじめ6省庁が「リゾート地域整備促進法案」を立案し、それが内閣法制局の審査にかけられた。政府立法はすべて内閣法制局が厳格に審査する。このとき、内閣法制局は「リゾート」という言葉を用いることに「まだ国民になじみが足りない」と絶対反対し、法案名を「総合保養地域整備法案」に変更させたのである。これがおそらく「トラウマ」となって、今回も使われなかったのだろう。

2016

2017 政治時評

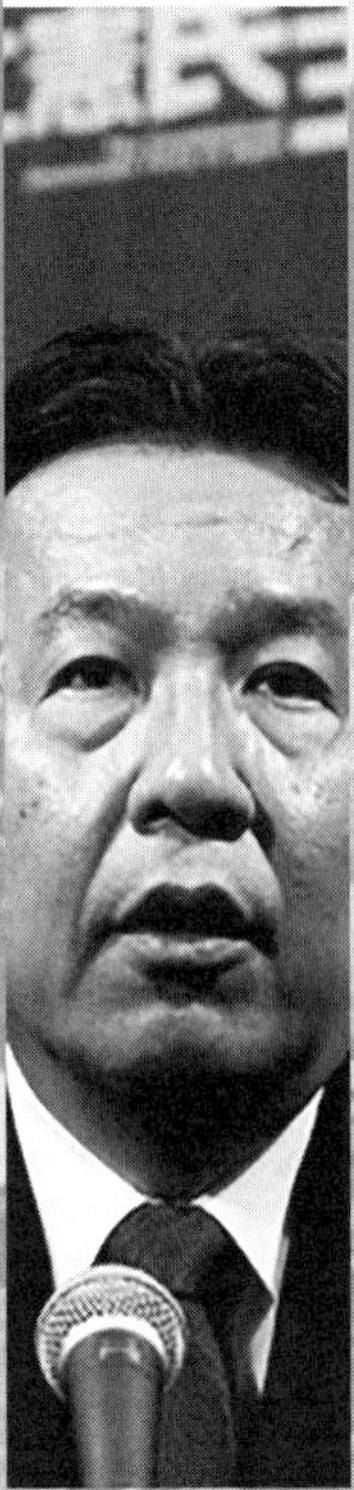

1.6 菅義偉内閣官房長官、韓国・釜山の日本国総領事館前に設置された慰安婦問題を象徴する少女像への対抗措置を発表
1.14 豊洲市場の地下水モニタリング調査の最終結果が公表され、環境基準を上回る有害物質が検出
1.20 前川喜平文科事務次官が辞任
2.10 米ワシントンにて、安倍首相がドナルド・トランプ新大統領と首脳会談
3.5 自民党総裁の任期が「連続３期９年」に延長
3.23 学校法人森友学園理事長・籠池泰典へ証人喚問
4.25 辺野古で埋め立て工事着工
5.27 南スーダンで国連平和維持活動に参加していた陸上自衛隊が帰国、５年強にわたる活動が終了
6.9「天皇の退位等に関する皇室典範特例法」が成立
6.18 ヒアリが日本国内で初めて確認
6.22 秘書に対する暴行や暴言疑惑で豊田真由子衆議院議員が自民党に離党届けを提出
7.28 稲田朋美防衛相がPKO日報問題をめぐる一連の対応の責任を取って防衛相を辞任
7.31 森友学園前理事長の籠池泰典と妻の諄子が逮捕
8.3 第３次安倍第３次改造内閣が発足
9.1 民進党代表選挙で前原誠司が当選
9.7 民進党の山尾志桜里衆議院議員が自身の不倫報道を受けて離党届を提出
9.27「希望の党」が旗揚げ
9.28 前原誠司民進党代表が、民進党としては公認候補を擁立せず、事実上希望の党と合流することを提案
10.2 民進党の枝野幸男代表代行が新党「立憲民主党」の立ち上げを表明
10.5 カズオ・イシグロがノーベル文学賞受賞
10.22 第48回衆議院議員総選挙
11.1 第４次安倍内閣発足
11.5～7 トランプ 米大統領が来日
12.1 天皇の退位日を2019年４月30日、皇太子の即位を翌５月１日とし、新元号を施行すると発表

1.20 ―― #70

無原則な〝軟体動物〟自民党は政党なのか

自民党はそもそも「政党」なのだろうか。

自民党党則92条は党員の処分を定めている。三つある処分対象事由の一つが「党の規律をみだす行為」である。小池百合子東京都知事は昨年7月の都知事選で、自民党東京都連への推薦依頼を取り下げて立候補した。一方、自民党都連が推薦したのは、増田寛也《ますだひろや》元総務相である。すでにこの時点で、政府高官は小池氏の「(立候補は)反党的な行為だから当然除名だ」(2016年7月30日付『朝日新聞』)と正論を述べている。

さらに、小池知事は今夏の都議選に自らの政治塾を中心に40人程度の候補者擁立を目指している。しかも「1人区はまず最初に(擁立に向けて)作業する対象だ」との意向という(17年1月11日付『日本経済新聞』)。七つある1人区の現職はいずれも自民党議員だ。これらの「反党行為」にもかかわらず、今も小池氏は党則上の処分を受けずに自民党員のままである。

対照的に、都知事選で小池氏を支援した区議7人を、自民党都連は昨年12月6日に除名処分にした。ただ、同じく小池陣営についた自民党の若狭勝《わかさまさる》衆院議員へは、二階俊博《にかいとしひろ》幹事長による厳重注意処分にとどめた。「晴れて」若狭氏は小池氏の知事転出に伴う衆院東京10区補選の公認候補となった。

同12月28日には、自民党の都議会会派である「都議会自民党」所属の都議3人が会派離脱と新会派結成を表明した。ところが1月12日、下村博文《しもむらはくぶん》自民党都連会長は3人の行為を容認してしまう。彼らは自民党公認で次の都議選に立候補する。この「おおらかさ」は論理的に理解不能だ。

「おおらかさ」といえば、12月16日に自民党総務会は、衆参の自民会派入りしている無所属議員が党政務調査会の会議に出席することを認めた。茂木敏充《もてぎとしみつ》政調会長によれば「予算や法律で自民党と同じ対応をしてもらうため」とのことだ（12月17日付『朝日新聞』）。理由はともかく、非自民党議員を出席させては、党の会議としての正当性を失う。だが、自民党はそんな形式には頓着しない。

非メンバーでも会議に出席できる「美風」が自民党にはある。前出の総務会は党の重要事項を審議決定する機関で、25人を定員とする（党則37条・38条）。とはいえ、堀内光雄元総務会長は記している。

「総務会は自民党議員ならば（略）誰もが番外発言と称する意見を述べることができる。（略）それぐらいオープンに意見を取り入れている」（堀内光雄著『自民党は殺された！』ワック、06年）

なので、たとえば05年6月28日の総務会で郵政民営化関連法案の修正案が諮られた際は、総務会室は大混乱に陥った。最後は久間章生《きゅうまふみお》総務会長（当時）が挙手採決を行なう。すると、「総務会のメンバーでもない人たちが『賛成』と手を挙げて、『賛成多数』とされ」た（野田聖子

「総務会長という仕事」ウェブ新聞「ハフィントンポスト」／投稿日13年5月23日)。

反党行為も意に介さない、メンバーかどうかなどカタイことは言わない。無原則で融通無碍《ゆうずうむげ》な〝軟体動物〟政党が、ゲル状にすべてをのみ込んでいく。栗本慎一郎元自民党衆院議員が書いた『自民党の研究』(光文社、99年)のサブタイトルが、秀逸な警句であることに気づく。〈あなたも、この「集団」から逃げられない〉

LATER ON 本文中の若狭勝氏は2016年10月23日の衆院補選で圧勝した。ところが、翌年の都議選に際して自民党を離党して「都民ファースト」の支援に回った。2017年10月の総選挙では希望の党から立候補するが落選し、3回目の当選は果たせなかった。そのまま政界を引退する。#31のLATER ONにも紹介したとおり、たまたま補選直前の2016年10月20日に、野田聖子衆院議員にゼミ学生たちと会いに行った。そのとき野田氏は、若狭氏は男女共同参画社会の実現を本気で考えている数少ない男性議員の1人だと話してくれた。そうであれば、小池氏に振り回されず自民党にとどまり議員を続けてほしかったと、惜しい気持ちになってくる。

2.17――#71

司法独立の慣行無視か安倍政権の最高裁人事

今年1月13日午前の官房長官記者会見で、菅義偉《すがよしひで》内閣官房長官はこう述べた。

「本日の閣議で決定した最高裁判事の人事について申し上げます。最高裁判所判事、櫻井龍子《さくらいりゅうこ》及び大橋正春《おおはしまさはる》の両名が定年退官をされることに伴い、その後任として、弁護士・早稲田大学大学院教授、山口厚《やまぐちあつし》氏及び元英国駐箚《ちゅうさつ》特命全権大使、林景一《はやしけいいち》氏を最高裁判事に任命することを決定をいたしました」

15名の最高裁裁判官の出身枠は、職業裁判官6、弁護士4、学識経験者5と慣例的に決まっている。櫻井氏は学識経験者枠（行政官出身）、大橋氏は弁護士出身なので、この2件の人事で出身枠比率は維持されたように見える。

最高裁裁判官の定年退官日は70歳の誕生日1日前である。そこから逆算して、後任人事は進められる。弁護士枠の場合、日本弁護士連合会（以下、日弁連）は「日本弁護士連合会が推薦する最高裁判所裁判官候補者の選考に関する運用基準」を定めている。日弁連は昨年11月に、これに従って選ばれた7名の候補者を順位を決めて最高裁に推薦している。最高裁はそれを内閣に伝えたはずである。

もちろん、憲法により最高裁裁判官の指名・任命権は内閣にあるので、内閣は最高裁や日弁連の意向に縛られる法的根拠はない。ただし、泉徳治《いずみとくじ》元最高裁判事によれば、「歴代内閣は、最高裁長官の意見を尊重してきたと思います。内閣の任命権と司法の独立を調和させるという考えから、こういう慣行ができてきたのだと思います」（『一歩前へ出る司法』日本評論社、２０１７年）。

実は山口氏はこの7名には含まれていなかった。「調和」の「慣行」を無視して「官邸主導」で山口氏を充てたのだろう。この異例の人事は、13年8月の内閣法制局長官人事を思い起こさせる。

菅官房長官は上記のとおり、山口氏を紹介するにあたって「弁護士」を先に出している。だが、山口氏は著名な刑法学者で、昨年8月に弁護士登録をしたばかりである。開業の経験はない。菅氏は弁護士枠での起用を強調し、日弁連に気を使ったのかもしれない。一方、弁護士出身者が実質的に減らされたことについて、日弁連から問題視する声は聞かれない。弁護士枠は保たれたと安堵《あんど》しているのか。だとしたら楽観的すぎよう。人事権を用いて介入してくるのは、この政権の「手口」だ。

その意味で、竹﨑博允《たけさきひろのぶ》前最高裁長官が定年日より3カ月前の14年3月に「健康上の理由」で依願退官したのは示唆的である。当時、内閣法制局長官人事で政権の「手口」を学習した最高裁が、後任人事で政権につけこまれないように機先を制したのではとの観測がなされた。それは正しい見立てだったと思えてくる。

また、櫻井氏の後任に男性を就けたことで、女性最高裁裁判官は3名から2名に減った。13年2月に鬼丸かおる氏が任命されて以降、三つある小法廷に女性判事が1名ずつ配属されていた。ジェンダーバランスの点で後退である。

アメリカでは、トランプ大統領の強引な政策に司法が立ちはだかっている。司法の独立こそ権力の暴走を食い止める最後の安全弁だ。政権による「慣行」無視の最高裁人事は、それを脅かす布石としてゆるがせにはできない。

LATER ON 2018年3月に法曹関係者の小規模なセミナーで報告させていただく機会をもった。質疑応答の中で、元裁判官の弁護士から、本文中の竹﨑長官の異例の依願退官は櫻井龍子長官誕生を阻止するためだったとの解説をうかがった。当時最高裁判事だった櫻井氏の定年は2017年1月であるから、長官になれば3年近くは務められた。「すべての女性が輝く社会づくり」を推進する安倍政権は、初の女性最高裁長官を実現させたがっているとの極秘情報を、最高裁はつかんだのだろう。政権側がその調整に乗り出す前に、先手を打って竹﨑長官が辞めることで長官人事の主導権を最高裁が握ろうとしたとは、十分に考えられるシナリオである。

2017

3.17 ——#72

森友に「特別の力学」疑惑隠しの異常さ

森友学園の籠池泰典《かごいけやすのり》理事長は3月10日に、小学校の設置認可申請を取り下げ、理事長を退任する意向であることを記者会見で表明した。政治家の口利きについて記者から質問されると、「ないですよ」を繰り返して強く否定した。だれが信用しようか。

自民党の衆議院議員で学校法人作新学院の学院長でもある船田元《ふなだはじめ》氏は、自身の3月6日付ブログに「森友学園の異常さ」と題した文章を載せている（http://www.funada.org/funadapress/2017/03/06/）。同法人は作新学院大学を1989年に新設した。校地として約5000平方メートルの国有地が払い下げられた。その際、関東財務局が提示する価格どおりに同法人は購入し、「価格面での交渉は全く行わなかった」。国有地払い下げは関東財務局、大学設置認可は文部省（当時）、農地転用は関東農政局の管轄である。三者間でのすりあわせは困難をきわめ、「予定よりも2年遅れでようやく開校にこぎ着けた」。

こうした経験をもつだけに、船田氏の次の指摘には説得力がある。

「だから今回の国有地払い下げにおいて、財務局の提示価格の10数%だったことや、非常に短い時間で払い下げが決まったことを聞くと、どうしても特別の力学が働いたと思わざるを得ないのである」

ところが、3月9日付『読売新聞』の社説は、「膨大な廃棄物が埋まった土地である以上、売却価格の減額は正当であり、政治家の関与はなかった、という見解は理解できる」と書いた。さすが〝現政権の御用新聞〟と感心するほかない。実はこの社説にも「特別の力学」の作用が疑われる。『選択』3月号の「マスコミ業界ばなし」はそれを示唆している。

「問題の土地の売買を認めた『国有財産近畿地方審議会』のメンバーには、読売新聞大阪本社編集局の現職の管理部長（当時）がいた。さらに、土地を購入した学校法人による小学校の新設を認可した大阪府の『私立学校審議会』にも、読売の現職社員が名前を連ねているのだ」

「特別の力学」が働いたと思われる件はさらにある。前述の籠池氏のまさに記者会見中に、安倍晋三首相は南スーダンの自衛隊ＰＫＯ部隊を5月末をめどに撤収させる方針を明らかにした。「森友」から注目をそらすかのように。

このニュースは3月11日付の『朝日』、『産経』、『毎日』、『読売』の各紙朝刊で1面トップを大きく飾った。首相は「一定の区切り」を撤収の理由として挙げ、菅義偉《すがよしひで》官房長官は「治安の悪化は要因になっていない」と説明した。切迫性がないのなら、なぜ10日の発表としたのか。しかも、撤収を決定したこの日の国家安全保障会議の開催時間はわずか10分余りである。政権の方針は、1時間半にわたって開かれた前日の同会議ですでに決まっていたはずだ。

東京版の各紙を見ると、トップは譲ったが、『朝日』と『産経』は「森友」を1面に掲げた。『毎日』と『読売』は社会面に回されている。さすがに大阪版では、両紙も1面にもってきて

2017

いる。
さて、籠池氏の記者会見には彼の長男が同席していた。そこで「共産党と朝日新聞が連動して事態が勃発した」などと述べたという（3月10日付『朝日新聞』）。これぞ「逆ギレ」で、共産党と『朝日新聞』にとっては最大の賛辞だろう。

LATER ON この直後の2017年3月23日に、籠池氏は衆参両院の予算委員会で証人喚問を受けた。「事実は小説よりも奇なり」や「神風が吹いた」と籠池節を披露した。そして、安倍首相の昭恵夫人から100万円の寄付を受けた旨を重ねて明言した。その後、同年7月に籠池夫妻は校舎建築に関する国の補助金不正受給の疑いで、大阪地検特捜部に逮捕された（同年8月には詐欺と詐欺未遂の容疑で再逮捕）。そして、10カ月に及ぶ異例の長期勾留となった。2018年5月に保釈された籠池氏は「国策勾留だと認識している」と記者会見で述べた。そういうことだろう。

4.14 ――#73

安倍政権が〝忖度〟か？ 内閣法制局で異例人事

異例の官僚人事がまた行なわれた。3月31日付で松永邦男・内閣法制局第一部長が定年退官したのである。

内閣法制局には7人の幹部がいる。総務主幹、四つある部の各部長、内閣法制次長、そして内閣法制局長官である。「七人の侍」と呼ばれる（『大森政輔《おおもりまさすけ》オーラル・ヒストリー』東京大学先端研牧原出《いずる》研究室、2015年）。全員が他省からの出向者である。昇進ルートは、総務主幹→審査部（第二部～第四部）のいずれかの部長→意見部である第一部の部長→次長→長官と定式化されていた。

また、内閣法制局には「四省責任体制」なる不文律が存在する（同『大森政輔オーラル・ヒストリー』）。長官と次長には法務省、旧大蔵省、旧通産省、旧自治省いずれかの省の出身者が就く、という意味である。小松一郎長官（外務省出身）の抜擢《ばってき》人事があるまで、破られることはなかった。言い換えれば、これら4省から総務主幹に出向すれば、やがては長官になることを出向者は予測できた。

こうした人事慣行が制度化する起点である吉国一郎《よしくにいちろう》長官時代（1972年7月～76年7月）以降で、第一部長就任者は松永氏までで17人いる。そのうち次長以上に上がれなかったのは彼以外に2人しかいない。1人は病気療養の休職中の86年1月に死亡した前田正道氏（大蔵省出身）。もう1人は第一部長を最後に88年1月で退官した関守氏（農林省出身）である。関氏は上記4省以外からの出向なので、次長以上にのぼる途《みち》はそもそもなかった。一方、松永氏は旧自治省出身であるから、当然有資格者である。それなのに第一部長に据え置かれて無念の定年退官となった。これは何を含意するのか。

長官は特別職国家公務員なので定年はない。一方、次長以下は一般職国家公務員のため定年がある。次長は62歳、それ以外の職員は60歳である。それぞれその年齢に達して最初の3月末日が定年退官日となる。もし松永第一部長を既定の出世コースに乗せるのであれば、1956年10月生まれの彼の定年退官日となる今年3月末日までに次長に上げる必要があった。また、これまで長官になれなかった次長はいない。そこで、その日までに横畠裕介《よこばたけゆうすけ》長官が退き、近藤正春次長が長官になる人事も不可欠だった。ちなみに、横畠長官は次長時代の2014年3月末日に定年退官日を迎えた。しかし、病身の小松長官を支えさせるとの理由で政権が同日に定年の1年延長を決めた。その後同年5月に小松長官は退官し、横畠次長が後を継いだのである。

さて、近藤次長は56年1月生まれなので、2018年3月末日が定年退官日。ということは、その直前まで横畠長官の留任が数字の上では可能になった。仮にそれまで続投すれば、横畠氏は4年近い長期在職となる。横畠氏からさかのぼって10人の長官の在職期間をみると、宮崎礼壹《みやざきれいいち》長官（在任06年9月〜10年1月）の3年4カ月弱が最長だ。横畠氏は次長として小松長官を補佐し、次いで長官となって安保法案成立に貢献した。その「ごほうび」として、政権が「忖度《そんたく》」した人事なのだろうか。

今回の人事は3月29日付『読売新聞』がまず報じた。『産経新聞』と『毎日新聞』は31日付だった（『朝日新聞』は未掲載）。この時差も興味深い。

LATER ON 松永邦男氏は現在、一般財団法人地方公務員安全衛生推進協会の理事長を務めている。また、#85で記したとおり、近藤次長の定年は2018年3月末日に1年延長された。

5.19――#74

〝ずぶずぶ〟改憲発言 森友疑惑への煙幕か

「読売新聞を熟読してほしい」（5月9日付『読売新聞』）――5月8日の衆院予算委員会で、安倍晋三首相は憲法9条に3項を加えて自衛隊の根拠規定を明記するとした自らの改憲案の説明を求められて、このように述べた。一国の首相が国会の場で一私企業が発行する新聞の販促を行なう気か。

首相が熟読を勧めた記事とは、5月3日付同紙掲載の、『読売』が「4月26日、首相官邸で約40分間行った」首相への単独インタビューである。前木理一郎・政治部長が聞き手を務めた。

実は首相はその前々日にも前木氏と会っている。4月25日付『読売新聞』「安倍首相の一日」に、24日夕方に都内のホテルで「読売新聞グループ本社の渡辺恒雄主筆、読売新聞東京本社の前木理一郎編集局次長兼政治部長と会食」とある。ナベツネ主筆を交えて事前の打ち合わせをしたのだ。

90歳のナベツネ氏の正確な肩書は「読売新聞グループ本社代表取締役主筆」である。ご本人はこの「主筆」にたいそうご執心だ。「僕は死ぬまで主筆だと言っている。主筆というのは『筆政を掌る』のが役目。(略) 社論を決めるということ。読売では、僕が主筆なんだ。僕は社長を辞めても、主筆だけは放さない。読売の社論は僕が最終的に責任を持つ」(渡邉恒雄『天運天職』光文社、17頁)。

社論の私物化にほかなるまい。そのナベツネ主筆と首相の面会はこの1年で6回にも及ぶ。

上述の衆院予算委での「読売読め」発言に先立ち、首相は民進党議員から昭恵氏と森友学園の「ずぶずぶの関係」を質された。首相は「『ずぶずぶの関係』とか、そんな品の悪い言葉を使うのはやめた方がいい」と激怒した(5月9日付『朝日新聞』)。それでも、首相と『読売』とは「ずぶずぶの関係」という以上に品のよい言葉は思いつかない。

さて、ジャーナリストの田原総一朗氏は『週刊読書人』5月12日号掲載の「田原総一朗の取材ノート」で興味深いことを書いている。彼は昨年8月31日に首相と2人きりで90分以上懇談した(2016年9月1日付『読売新聞』「安倍首相の一日」)。その内容のオフレコを解いたのだ。そこで首相は「実は、憲法改正をする必要がなくなったのです」と述べたという。

続けて言うには、「実は集団的自衛権の行使を決めるまでは、アメリカがやいのやいの煩《うるさ》かった。ところが、行使を決めたら、何もいわなくなった。だから改正の必要はない。ただ日本の憲法学者の七割近くが、自衛隊は憲法違反だと主張しているので、憲法九条の三項に自衛隊を認めると書き込んではどうか、と考えています」。

「アメリカが煩い」からとは。田原氏の記事が事実なら、首相の改憲意欲はその程度の浅薄なものということになる。また、9条に3項を新設し「日本国の自衛権の行使とそのための戦力の保持」を謳《うた》う改正案は、すでに1999年に小沢一郎・自由党党首（当時）が主張していた（『文藝春秋』99年9月号、98頁）。

首相はなぜいま唐突に、しかも小沢氏が20年近く前に提唱した加憲案を言い出したのか。これは自民党の改正草案とは整合しない。「森友」さらには加計《かけ》学園問題から世間の関心をそらす煙幕ではないか。首相の保身のために改憲ムードが醸成されつつある。

LATER ON　2018年6月7日にゼミ学生たちと国民民主党の前原誠司衆院議員に会いに行った。学生との意見交換の中で前原氏は安倍首相の改憲発言の真意をこう説明してくれた。集団的自衛権行使容認へと憲法解釈を変更したことで、憲法改正は20年はせずにすむと首相は考えた（これは本文中の田原氏の発言紹介と付合する）。ところが、2017年3月の自民党大会で党則が改正され、「総裁任期3期9年」が決まった。最長で2021年9月まで長期在任できる。そこで、首相は総裁3期目の実績の目玉として憲法改正を再び目指すようになったのだ、と。そういう手柄づくりのためだったのか、ならば内容は二の次になると得心した。ちなみにこの2人は1993年総選挙で初当選の同期生で、建て替え以前の議員会館では事務所が隣同士だった。前原氏いわく当選1、

2回の頃はよくいっしょに飲みにいったのだそうだ。

6.16――#75

公正な行政崩壊させた菅官房長官の陰湿人事

外務省は森本康敬《もりもとやすひろ》・在釜山《プサン》日本総領事を6月1日付で退任させた。森本氏は昨年5月1日付の発令なので、在任は1年1カ月でしかなかった。前任者が3年、さらにその前任者が2年勤務してそのポストで定年退職している。つまり、在釜山日本総領事はノンキャリ外交官のいわば「上がり」ポストなのである。森本氏もここで定年を迎えるはずだった。

なぜそうならなかったのか。昨年12月に釜山の日本総領事館前に「慰安婦」問題を象徴する少女像が設置された。日本政府は対抗措置として、森本氏と長嶺安政《ながみねやすまさ》駐韓大使を今年1月から4月まで一時帰国させた。その帰国中、森本氏は知人との私的な会食の際に政府の対応を批判した。それが官邸に伝わって、事実上更迭《こうてつ》される事態となった。

ではなぜ私的な会話を官邸は知り得たのか。これについて『週刊文春』6月15日号は、「森本氏は『政権寄りの新聞社が取材メモを官邸に持ち込んだようだ』と漏らしていました」との「外務省関係者」の発言を紹介している。新聞社が政権にご注進に及ぶとは。事実ならば癒着《ゆちゃく》もきわまれりだ。加えて、私的会話にまで目くじらを立てる政権の陰湿さには驚く。

菅義偉《すがよしひで》官房長官は6月1日午前の記者会見でこの人事を問われ、「(政権の対応への批判は)承知していない。通常の人事だ」と口を拭った(6月1日付『朝日新聞』夕刊)。何をもって「通常」というのか。森本氏の次のポストはまだ決まっていないではないか。

同様の強引な人事は過去にもあった。6月3日付『毎日新聞』によれば、2015年夏の総務省人事で、ある幹部の昇格を菅官房長官が「それだけは許さない」と阻止したという。この幹部には、菅氏の「手柄」であるふるさと納税創設にかかわる規制緩和に異を唱えた「前」があった。高市早苗《たかいちさなえ》総務大臣は面目をつぶされた。菅氏による人事介入の制度的根拠となったのが、内閣人事局である。

14年5月に内閣官房に設置された同局により、政権は各省庁の事務次官と局長・審議官級の約600人の幹部人事を一元管理することを目指した。首相に委任された官房長官が幹部候補者名簿を作り、各省の大臣は首相と官房長官と協議して、名簿登載者の中から適任者を任命する。したがって、官房長官が強い影響力を発揮できる。当時、菅氏は「公務員には省益ではなく国益を考えて活動してほしい」と語っていた(14年5月20日付『毎日新聞』夕刊)。

とはいえ、内閣人事局が発足して3年が経過したいま目立つのは、「国益を考えて活動」するのではなく、政権の意向を付度《そんたく》して動く官僚たちだ。「モリカケ問題」はまさにそれを実証している。小沢一郎自由党代表は、内閣人事局は「ゴマスリ役人製造機」になっていると喝破した(3月20日付ツイート @ozawa_jimusho)。

批判的な発言は私的なものさえ封じ込め、忖度官僚を侍《はべ》らせる。菅氏のいう「通常の人事」とは、この3年間でそうした人事が「通常」化したことを意味していたのか。菅氏の次の発言はその点で参考になる。「慣例のみに従って人事はやるべきではない。私は当たり前のことをやっているんです」（2月27日付『朝日新聞』）。

その代償こそ公正な行政の崩壊である。

LATER ON　2017年2月17日の衆院予算委員会で、安倍首相は森友学園への国有地払い下げについて「私や妻が関係していたということになれば（略）総理大臣も国会議員もやめる」ときっぱり述べた。この発言をきっかけに高級官僚たちは首相を守るために狡知の限りを尽くした。「国益」ではなく「アベ益」を「考えて活動」したのである。内閣人事局をつくっておいてよかったと、菅官房長官は胸をなで下ろしたのではないか。

7.14――#76

安倍政権への懲罰投票
都民ファーストに懸念

7月2日投開票の東京都議会議員選挙は、自民党の歴史的惨敗と小池百合子東京都知事率いる都民ファーストの会の圧勝で幕を閉じた。自民党は過去最低の23議席を獲得したにとどまった。一方、都民ファーストの会は擁立した50人の候補者のうち49人が当選するという快挙であった。

7月3日付『読売新聞』「社説」は、「安倍首相は、今回の敗北を重く受け止め、政治姿勢を真剣に反省しなければなるまい」と書いた。そのとおりで、上記の結果はこの選挙が安倍晋三政権への「懲罰投票」だったことをよく示している。

久しぶりに胸がすく思いがしたが、溜飲《りゅういん》を下げてばかりもいられない。有権者が政権への不満を都議選ではらした「ねじれ」を冷静に考えるべきだろう。「自民対小池」の劇場型選挙の中で、都議選として本来問われなければならない都政の問題が、無残なまでに埋没してしまったからだ。

立候補した自民党現職議員49人のうち28人が落選した。彼らの中には、地域が抱える問題に熱心に取り組んできた議員も少なからずいたはずである。その業績評価ではなく、しかも彼らのあずかり知らない「安倍政権の驕《おご》りと緩み」（前述の『読売』「社説」）のために落選の憂き目にあった。地域での地道な議員活動が報われず、「東京大改革」との空疎なスローガンが巻き起こした「風」になぎ倒されてしまった。こんな議員には心から同情する。政権が掘った墓穴に地方議員がはまったようで釈然としない。

言い換えれば、今回の都議選は（「も」か？）「記号」をめぐる争いだったのだ。多くの有権者は個々の候補者を吟味して投票したわけではなく、「都民ファ」「自民」「小池」「安倍」といった「記号」を意識して投票したのではないか。都議選が終わるとすぐに小池知事が都民ファ代表を辞任してしまったことは、この点を象徴している。

ここで、都民ファーストの会公認で立候補して当選した議員たちの属性をみてみよう。49人中実に38人（77・6％）が新人議員である。当選2回が8人、当選3回が3人となる（選挙後に、都民ファは推薦して当選した無所属議員6人を追加公認したので、都民ファ所属都議は55人になった）。このようないびつな議員構成を抱えて、都民ファは党内をガバナンスできるのか。また、圧倒的第一党として都議会を円滑に運営できるのか。かつて大阪維新の会が大阪市議会に大量進出したとき、多くが新人の彼らに代わって公明党議員が市議会の「仕切り」を担ったそうだ。大阪選出のある公明党国会議員から聞いた話である。都議会でもその再現になりかねない。

さらに、都民ファ新人議員38人の経歴に着目すると、彼らのうち25人には区議や市議の経験がない。地域の事情にほとんど通じていない彼らが、都議としての職責を果たしていけるのか。「風」が凪《な》いで化けの皮を現すことを強く懸念する。7月6日付『朝日新聞』によれば、都民ファは議員に対する研修会を週2回程度開いていく予定というが。

とまれ、安倍政権や自民党への支持は決して強固なものではないことがわかった。「魅力」ある受け皿さえ用意されれば民意は簡単に離れてしまうのだ。ただしその「魅力」が見かけ倒しならば、落選議員は浮かばれまい。

LATER ON 希望の党の「魅力」が見かけ倒しだったことが、同年10月の総選挙で無残なまでに露見した。都議選では圧勝した東京で、希望の党は23ある小選挙区のうち2議席（1議席は比例復活当選）しか獲得できなかった。都民は「夏の夜の夢」からすぐに醒めたのだ。

8.18――#77

内閣人事局長人事の変政治主導はどうなるの

第3次安倍晋三内閣の第3次改造内閣が8月3日に発足した。首相の大叔父にあたる佐藤栄作元首相は「内閣改造をするほど総理の権力は下がり、解散をするほど上がる」と言ったとされる。首相の求心力の低下は否めない。「各派が希望した初入閣待機組のほとんどが登用されず、党内には不満が充満している」という（8月4日付『朝日新聞』）。

今回の内閣改造で私が最も注目したのは、内閣人事局長の人事である。中央省庁の幹部職員の一元管理などを目指して、2014年5月、内閣官房に内閣人事局が設置された。初代局長には当初、事務担当の内閣官房副長官である元警察官僚の杉田《すぎた》和博《かずひろ》氏を充てる予定であった。これにも政治家を据えては、政治主導がいきすぎると懸念されたためである。そのはずが、発

2017

足直前になって政務担当副長官の加藤勝信《かとうかつのぶ》衆院議員にすげ替えられた。トップが事務副長官では、政治主導の威令が行き届かないと菅義偉《すがよしひで》内閣官房長官が考え直した（14年5月21日付『日本経済新聞』）。

政務副長官には衆参両院議員から各1名が起用される。加藤官房副長官は、15年10月の第3次安倍内閣の第1次内閣改造に伴い、萩生田光一《はぎうだこういち》衆院議員に交代した。内閣人事局長も萩生田副長官が兼務した。首相の最側近である萩生田氏が内閣人事局長に座る。この含意は官僚たちに「忖度《そんたく》」を働かせる十分な動機づけとなったことだろう。たとえば、「森友」問題に関する国会質疑で、「記録に残っていない」と答弁して「殊勲甲《しゅくんこう》」の佐川宣寿《さがわひさのぶ》・財務省理財局長は、17年7月5日付で国税庁長官に栄進した。

さて、このたびの人事で萩生田氏は自民党幹事長代行に転じた。そして、後任の内閣人事局長には事務副長官に留任した杉田氏が就いたのである。野党が「加計」問題と絡めて、「人事権を政治家が握ることで官僚が首相官邸の意向を過剰に忖度している」などと政務副長官との兼務を問題視していた（8月4日付『読売新聞』大阪版）。菅官房長官は萩生田氏のことを「局長として適切に業務を行った」とかばった（8月5日付『岩手日報』）。ならばなぜ局長を事務副長官兼務に代えたのか。

内閣改造の前日、福田康夫《ふくだやすお》元首相が「共同通信」のインタビューで吠《ほ》えた。内閣人事局については「政治家が人事をやってはいけない。安倍内閣最大の失敗だ」と強く批判する。その結果、「各省庁の中堅以上の幹部は皆、官邸（の顔色）を見て仕事をしている。恥ずかしく、国家の破滅に近づいている。官邸の言うことを聞こうと、忖度以上のことをしようとして、すり寄る人もいる。能力のない人が偉くなっており、むちゃくちゃだ」とたたみかける。首相の政権運営にも「(自民党内に) 競争相手がいなかっただけだ。(脅かすような) 野党もいないし、非常に恵まれている状況だ。そういう時に役人まで動員して、政権維持に当たらせてはいけない」と容赦ない (8月2日付「共同通信」配信記事より)。

福田氏の官房長官在任日数は1289日に及ぶ。菅・現長官に抜かれるまで最も長かった。政官関係を知りぬいたゆえの直言だろう。御年81歳の福田氏からみれば、68歳の菅官房長官など「洟垂《はなた》れ」なのかもしれない。大先輩の忠告に耳を傾けよ。

LATER ON 「記録に残っていない」との佐川局長の答弁とつじつまを合わせるために、財務省で決裁文書の改ざんが次々と行われた。#84に書いたとおりである。福田康夫元首相は記録すなわち公文書管理でも正論を吐いている。「正しい情報なくして正しい民主主義は行われない。記録というのは民主主義の原点で、日々刻々と生産され続けるのです。(略) 政府自身はむしろ、都合の悪いことはあまり残さない、残したくないという意識がずっと働いていたのかもしれない。国民のためを考えるのでなく、行政が自分たちに都合のいいように記録を扱ってきた。(略) 公文書の管理で行政への不当な政治の要求や圧力も排除できるんです。公務員が「違うんじゃないですか」「記録に残りますよ」と言う。そうすれば政治家だってむちゃなことは言えませんよ」(2018

年6月9日付『朝日新聞』)。記録こそ民主主義の原点との指摘には千鈞の重みがある。

9.15——#78
スキャンダルよりも政治行動のチェックを

8月末にアメリカ映画『パターソン』を観た。ラストシーン近くに、永瀬正敏扮《ふん》する日本人の詩人が出てくる。やはり詩作が好きな主人公パターソンに、自作の日本語の詩を綴《つづ》ったノートを見せながらこう言う。「詩の翻訳はレインコートを着てシャワーを浴びるようなものだ」

山尾志桜里《やまおしおり》衆議院議員のスキャンダル報道の過熱ぶりに「またか」とうんざりしつつも、私はこの台詞《せりふ》を思い出した。政治家に聖人君子たれと求めることは、「レインコートを着てシャワーを浴びるようなもの」ではないかと。

今年4月には、週刊誌に不倫を暴露された自民党の中川俊直《なかがわとしなお》衆議院議員が離党を余儀なくされている。山尾氏は「男女の関係はありません」などと釈明して民進党を離党した。実はどうであったかよりも、どう見えたかが重要なのだ。山尾氏の行動は、自民党議員の不倫問題を厳しく追及してきただけに、あまりに軽率すぎた。

ただ、ここで考えたいのは、彼らが政治とは無縁な私的な行状で失脚させられたという事実である。もちろん、彼らに同情などしていないし、政治家ならば不倫をしていいと主張したいわけでもない。

それでも、不倫のみならず、政治家は本来的な力量を測るのとはかけ離れた基準によって品定めされていないか。かつて漢字が読めないことを揶揄《やゆ》された首相がいた。政治家になる前の「秘密の過去」を暴かれて初当選に泥を塗られた衆議院議員もいた。前東京都知事はドケチぶりをずいぶんからかわれた。秘書への暴言と暴行が報じられて自民党を離党した衆議院議員は記憶に新しい。

このように、善悪のわかりやすいネタでなければ週刊誌は売れないし、テレビのワイドショーは視聴率を取れないのだろう。だが、おもしろおかしく袋だたきにしてレッテルを貼ることは、彼らの政治家としての資質をチェックしたことになるのか。事の本質を見失っていないだろうか。

マスメディアがまず目を光らせるべきは、ある公約を掲げて当選した候補者が、当選後その実現を目指して誠実に行動しているかどうかである。たとえば、公約に従って国会で発言しているか、国会で投票しているか。公約に反した発言や投票をしていたと知れば、有権者は次の選挙でその議員を落選させよう。こうして代議制民主主義のチェック機能が働く。

実際に、議員が選挙時に訴えた公約と当選後の国会での発言は、一致しているのか。そして、これは次の選挙におけるその議員の当落に関係するのか。同様に、公約と国会での投票行動の一致の有無についてはどうなのか。これらを統計分析すると、いずれも関連性は導き出せなかったという(小林良彰《こばやしよしあき》ほか『代議制民主主義の比較研究』慶應義塾大学出版会)。つまり、議員が国会で公約とは異なる発言をしようと、投票をしようと、それは次の選挙結果には影響しないのである。そこで、公約は平然と無視され、選挙は議員の資質評価ではなく「レッテル投票」になってしまう。

マスメディアに踊らされて投票する有権者が悪いと批判することはたやすい。しかし、有権者にとって、たった1票のためにかけられる情報収集のコストは限られている。私たちは「スキャンダルの商人」たちの格好の餌食《えじき》なのだ。

10.13 ――#79

"ジロアリ党"の悪夢 保守二極化の阻止を

「男社会の永田町……リセットできるのは、女性だけ!」の見出しにつられて、『女性自身』10月17・24日合併号を買ってしまった。小池百合子東京都知事が9月27日に自らを代表とする「希望の党」を結党した。その2日後に小池氏にインタビューした記事が載っている。

それによれば、男社会の永田町で女性議員が役職に就こうと思ったら、男性議員たちに優しく声かけし、会食では接待役を務めるのだという。「男性ばかりの執行部が人事を決めてしまうから、彼らの心証をよくする必要があるのだ。「お酌して回っていなかったのは私と山東昭子《さんとうあきこ》先生（略）くらいだったかも」と小池氏は振り返る。さらに、彼女たちが役職を射止めると、男性議員から強い嫉視《しっし》を浴びることになる。

小池氏は男のくだらない嫉妬《しっと》渦巻く政界を巧みに遊泳し、環境大臣や防衛大臣、自民党総務会長などの要職を歴任した。一方、彼女には「シロアリ」という陰口もついて回った。彼女は日本新党から参院議員に初当選して以降、新進党、自由党、保守党と渡り歩いた。これら政党はすべてシロアリに柱をかじられたかのように崩壊していった。さすがに自民党ならば被害は受けまいと思っていた。ところが、小池氏は自民党を出て都知事に当選するや、今年7月の都議選では「都民ファーストの会」なる地域政党を立ち上げた。これで多くの自民党都議を落選に追いやった。自民党とて〝シロアリ〟百合子の餌食《えじき》になったのである。

そして、9月28日に安倍晋三首相が「自己都合」解散に打って出ると、〝シロアリ〟は民進党に襲いかかった。同党の前原誠司代表との密談で彼に首相の座を約束したかどうかは知る由もない。だが、民進党はあっけなく彼女率いる「希望の党」の軍門に降《くだ》った。〝シロアリ〟党がつきつけた政策協定書に「鼻をつまんで署名」して、同党の公認を得た民進出身の前衆院議員もいた。

危うく〝シロアリ〟の魔の手から逃れた枝野幸男《えだのゆきお》前衆院議員らは、立憲民主党を結成した。人々の意趣返しのように、同党のツイッターのフォロワー数が既成政党のそれを超えてぐんぐん伸びている。10月10日午前6時時点でそれは17万を超えた。

さて、10月22日に衆院総選挙を迎える。結果を想像することがこんなに怖い総選挙ははじめてだ。「安倍やめろ！」はもちろんだが、〝シロアリ党〟が都議選のように大化けすると、ついには日本全体を右へとかじり倒しかねない。

「都政が大きく変わったように、女性のリーダーが国を大きく変えることもあるでしょう。その環境づくりのために、国政を〝リセット〟する必要があるのです」。小池氏はインタビューをこう結んでいる。はて、小池知事になって都政は大きく変わったのか。ともあれ、〝シロアリ〟百合子の本音は女性であることを隠れ蓑《みの》に、自分の栄達を図ることなのだろう。すりかえを見誤ってはなるまい。ある高名な政治学者がこっそり教えてくれた。小池氏に会った人はその傍若無人ぶりに例外なく彼女のことを嫌いになると。

共産党が小選挙区候補者の取り下げを大胆に進めている。英断だ。立憲民主党、共産党、社民党が共倒れせず躍進することで、「保守二極化」の悪夢を阻止してほしい。

LATER ON 2017年12月に放送された『THE MANZAI 2017』（フジテレビ）の中で、お笑いコンビ「ウーマンラッシュアワー」の2人は政治風刺漫才を炸裂させた。そのうち小池都知事ネタは次のとおり。

「（村本大輔）「東京都知事の名前は」（中川パラダイス）「小池百合子」（村本）「小池都政が大事にしていることは」（中川）「都民ファースト」（村本）「都民ファーストのうえにどうした」（中川）「希望の党をつくった」（村本）「希望の党をつくったということ

は」（中川）「国民ファーストを目指した」（村本）「でも希望の党が負けるとわかったら」（中川）「代表を降りた」（村本）「だから結局あの人はただの」（中川）「自分ファースト」

この漫才はhttp://www.dailymotion.com/video/x6buwq3 でみることができます。削除と再掲載を繰り返しているようですが。ほかのネタも大爆笑です！

11.10——#80

官僚たちが苦り切る「杉田機関」が継続

11月1日に第4次安倍晋三内閣が発足した。安倍首相は全閣僚を再任したのに続いて、横畠《よこばたけ》裕介《ゆうすけ》内閣法制局長官など特別職16人も再任した。ここで私が注目したいのは、杉田《すぎた》和博《かずひろ》内閣官房副長官（事務）も再任されたことだ。

閣議には首相はじめ各大臣が出席する。加えて内閣官房副長官（政務）2名と、いずれも非議員の事務副長官および内閣法制局長官の合計4名が陪席する。事務副長官には旧内務省系の省庁の事務次官経験者が多く就いてきた。「官僚首座」とも「影の総理」とも言われるポストで、閣議では閣議案件を説明する。それゆえ事務副長官がいないと閣議が開催できない。

その職務については、歴代最長の8年7カ月在任した古川貞二郎《ふるかわていじろう》氏がこう回想している。「総理官邸の事務方トップである内閣官房副長官の職務は緊張と激務の連続である」（古川貞二郎『私の履歴書』日本経済新聞社）。「副長官というのは二十四時間体制。遠くに出かけることもできない。（略）在任中に東京を離れたのは休日を除くと合わせても十四、五日ぐらいだろう」（同『霞が関半生記』佐賀新聞社）。古川氏もその前任者で7年3カ月務めた石原信雄《いしはらのぶお》氏も就任のあいさつ回りをしたところ、血尿が出るぞと脅されたという。

さて、現副長官の杉田氏は現在76歳である。古川氏が副長官を退いたのが69歳、石原氏は68歳であった。杉田氏は第2次安倍内閣発足とともに71歳で就任している。その高齢ぶりは際立つ。警察庁出身で同警備局長を務めたあと、内閣情報調査室長、次いで初代内閣情報官に就いた。2001年4月には内閣危機管理監となった。このとき安倍首相は第1次小泉純一郎内閣の政務副長官だった。官邸でともに働いた間柄になる。杉田氏には後藤田正晴《ごとうだまさはる》、藤波孝生《ふじなみたかお》両官房長官に秘書官として仕えた経歴もある。そこで「杉田以上に官邸を知り尽くす人はいないといわれる」（15年8月27日付『産経新聞』）。

官邸ばかりか、警備局長上がりだけに霞が関全体にその情報網は張り巡らされているようだ。一部では「杉田機関」と恐れられていると漏れ聞いた。たとえば、16年9月ごろ、前川喜平《まえかわきへい》文科事務次官（当時）は、杉田氏から「こういうところに出入りしているそうじゃないか」と出会い系バー通いを注意された（17年6月9日号『週刊朝日』）。官僚のプライベートにまで目を光らせているのだ。その杉田氏が官僚の幹部人事を取り仕切る内閣人事局長を今年8月から兼務している。彼の再任に苦り切っている官僚たちも多いのではないか。後期高齢者となってもこの激職に起用され続けようとは。

杉田氏のみならず、麻生太郎《あそうたろう》副総理兼財務大臣は77歳、二階俊博《にかいとしひろ》自民党幹事長は78歳、高村《こうむら》正彦《まさひこ》自民党副総裁は75歳である。ジジイたちに支えられている安倍政権に、36歳の小泉進次郎《こいずみしんじろう》自民党筆頭副幹事長の直言が小気味よい。選挙運動を通じて「今回おごりゆるみだけでなくて、全国で感じたことは『飽き』ですね」（10月23日付「NHKニュース」）。教育無償化の財源を首相が産業界に求めたことについて「全く党で議論していない」、自民党大勝には「獲得議席数ほど党の信頼は回復していない」（11月3日付『日本経済新聞』）。ゆめゆめ「杉田機関」に足元をすくわれないように！

LATER ON　#81のLATER ONの第2段落を併せてお読みください。

12.8 ―― #81

国会質問通告の期限「午前5時」は妥当か

『選択』という月刊誌を定期購読している。12月1日に届いた今月号の「マスコミ業界ばなし」には、『朝日新聞』が朝刊最終版の締切り時刻を早めることが紹介されている。すでに11月から土日の朝刊については実施されて「整理部の社員の多くが最終電車で帰れるようになった」。平日の締切りも今年度中に繰り上げられる予定だという。

それで思い出したのが、11月15日の衆議院文部科学委員会での質疑を前に、政府に対する野党側の最後の質問通告が当日の午前5時ごろになった件だ。20日の自民党役員会で指摘が出た（11月21日付『産経新聞』）。

八百長質疑になっているとの批判もあるが、私は事前の質問通告は「必要悪」だと考えている。共産党の佐々木憲昭《ささきけんしょう》元衆院議員は自身のブログ「奮戦記」２０１４年６月５日付にこう書いている。「私の場合は、可能な限り詳しく通告しています。特に数字を答弁させたいときは事前に通告しておかないと正確な答えは出てきません」（http://kensho.jcpweb.net/hunsenki/140605-105200.html）。

質問通告を待機している官僚たちは、それを受けて答弁を作成する。私は先の報道に接して、「国会待機の官僚は徹夜で待ち続けて、答弁を書いたのだ。野党の想像力はそこまで働かないのか」とツイートした（@azusayui）。すると某省に勤務する私のゼミの卒業生から「いいね！」が押された。

とはいえ、国会も官僚のブラック勤務に無関心だったわけではない。14年5月27日には 自民党、公明党、民主党、日本維新の会、みんなの党、結いの党および新党改革の7党が「国会審議の充実に関する申し合わせ」で合意した。その第6項には「充実した質疑と、国家公務員の過剰な残業是正等を行うため、すみやかな質問通告に努める」とある。公明党の伊佐進一衆院議員は「いまでも自公両党は、前々日の18時までに通告する態勢をとっています」と胸を張る（@isashinichi）。

これに加わらなかった野党の主張も聞こう。社民党は同日付で「談話」を発表した。「通告の遅れを名目に野党の質問権を制約しかねないことが懸念される。直前に日程が決まる場合（略）速記録や他委員会での答弁を確認して効果的な質問を組むということも難しくなる。審議方法の総合的な検討を抜きにした質問通告の前倒しでは審議の希薄化にすぎない」。

確かに一理ある。だが、私には答弁作成に携わった元官僚の次の告白が重く響く。「しつこい質問を繰り返してくる野党議員に対しては心底腹が立ったものだ。（略）また今夜も徹夜になっちゃうじゃないか……!?／そこには、そもそもその政策が本当に国のためになるものなのか？　彼の仕掛けてくる質問はなるほど妥当性のあるものなのか？　そうした判断は一切差し挟まれていなかった。いまとなっては反省点とともに、あの時の自分を思い出す」（西村健《にしむらけん》『霞が関残酷物語』中公新書ラクレ）。

官僚に野党への憎悪感を募らせるばかりか、彼らを判断停止状態に追い込んでしまうのだ。野党が通告を遅らせ、官僚を疲弊《ひへい》させて溜飲を下げているとしたら、了簡違いもはなはだしい。せめて終電で帰れるくらいの配慮はすべきではないか。それでも「過労死ライン」は優に超えていようが。

2017

LATER ON 質問の事前通告の遅れによる官僚の深夜勤務については、すでに女性官僚たちが改善を求める声を上げてきた。「質問通告が前日の夕方になると、(答弁書作りで)帰りは明け方近く。仕事と子育ての両立に障害となっている」との彼女たちの悲痛な叫びを、2014年6月6日付『読売新聞』は報じた。その女性官僚有志11人は「持続可能な霞が関に向けて―子育て等と向き合う女性職員の目線から―」と名づけた提言を作成して、同年6月26日に加藤勝信内閣人事局長に手渡した。その11人の1人だった厚労省の河村のり子氏は、提言手交から3年が過ぎた2017年6月に「働き方改革がやって来た」と題して講演した。そして、「役所に入って約20年。ようやく改革に手がつけられようとしているんです」などと実感を述べた。深夜勤務の元凶である急な質問通告対策としては、自分の所属する課では当番制を取り入れたという(2017年7月10日付『朝日新聞』)。

一方、霞が関の行政官僚ばかりか、永田町の国会職員も状況は似ている。2017年10月12日に私のゼミで参議院法制局を参観した。説明に当たってくださった職員の方が、勤務後に予定を入れていたのだが、国会議員から急な照会が入ってドタキャンせざるを得なくなったとこぼしていた。こうしたことはしょっちゅうとのことだった。内閣人事局はワークライフバランス推進を掲げるが、国会議員の啓発もその取り組みに加えてほしい。#80に書いたように、せっかく杉田和博氏が局長になったのだから、官僚のワークライフバランスに無頓着な政治家を「杉田機関」を使ってドーカツして!

2018 政治時評

1.16 政府がＪアラートで避難を呼び掛ける誤報

1.26 松本文明内閣府副大臣が、沖縄県で米軍ヘリコプター事故が続発している問題で「それで何人死んだんだ」とヤジを飛ばした責任を取って辞任

2.7 2017 年の総選挙をめぐる「一票の格差」訴訟で、名古屋高裁が全国初の「違憲状態」判断

2.9 ～ 25 平昌五輪

3.6 神戸製鋼所、アルミ製品データ改竄問題に関し、川崎博也会長兼社長らが引責辞任へ

3.25 東芝が経営再建に向けた合理化のため、1969 年から続けてきたアニメ「サザエさん」の番組スポンサーを降板

3.27 学校法人「森友学園」への国有地売却に関する財務省決裁文書の改竄をめぐり、佐川宣寿前国税庁長官に対する証人喚問

4.27 韓国の文在寅大統領と北朝鮮の金正恩朝鮮労働党委員長が南北首脳会談を実現、共同宣言「板門店宣言」を発表

5.7 民進党と希望の党が「国民民主党」を結党、不参加議員が希望の党を分党し新たに「希望の党」設立

5.19 カンヌ国際映画祭で是枝裕和監督の『万引き家族』がパルムドールを受賞

5.29「日本大学フェニックス反則タックル問題」に関し、関東学生アメリカンフットボール連盟が処分発表

6.12 トランプ米大統領と北朝鮮の金正恩委員長がシンガポールで首脳会談を行い、北朝鮮の非核化と体制保障を含む合意文書に署名

6.28 ～ 7.8「西日本豪雨」が発生、死者 200 人以上を出す大惨事に

7.6 オウム真理教事件に関与した死刑囚 13 人のうち、麻原彰晃こと松本智津夫を含む 7 人の死刑執行

7.20 カジノを含む統合型リゾート（IR）実施法が成立

7.26 オウム真理教事件に関与した死刑囚 13 人のうち、残る 6 名の死刑執行が完了

……

1.19——#82

最高裁長官・大谷氏の〝華麗な〟経歴と中身

1月9日に第19代最高裁長官として大谷直人《おおたになおと》氏が就任した。〈長く「最高裁長官候補の大本命」と目されてきた〉(1月10日付『朝日新聞』)という。なぜ彼が「大本命」だったのか。

最高裁長官は、14人いる最高裁判事の中から選ばれる(最近の例外は東京高裁長官から第17代最高裁長官に就いた竹﨑博允《たけさきひろのぶ》氏のみ)。15人の最高裁裁判官の出身枠の構成は、裁判官出身6・弁護士出身4・学識経験者出身5と慣例的に決まっている。第9代の服部高顕《はっとりたかあき》長官以来、裁判官出身者の起用が続いてきた。今回も踏襲された。

大谷氏は東京大学在学中に司法試験に合格し、1975年4月から司法修習生となる。司法修習終了後、77年4月に東京地裁判事補に任官。東京地裁が初任地とはエリートと目されていた証拠である。80年7月に、初任明けのポストとして最高裁事務総局刑事局付に異動する。最高裁事務総局とは全国の裁判所のヒト・モノ・カネを差配する司法行政の司令塔である。トップの事務総長をはじめ幹部ポストには裁判官が就く。

元エリート裁判官の瀬木比呂志《せぎひろし》氏は、局付の位置づけについて「裁判官である課長の下、裁判官書記官である課長補佐の上なんです」と述べている(瀬木比呂志・清水潔『裁判所の正体』新潮社)。大谷氏は28歳の若さで10人近い裁判所職員を部下とする立場にあった。これを2年9カ月務めた。

86年4月に富山地家裁に赴任し、裁判現場に復帰する。しかし3年で最高裁調査官として東京に戻される。その後、東京地裁判事を1年はさんで司法研修所教官、刑事局の課長、さらに東京高裁判事、東京地裁部総括判事を2年半務めて、最高裁事務総局秘書課長兼広報課長となる。

事務総局の要員、司法研修所教官、最高裁調査官の3ポストは「三冠王」と称される裁判官の登竜門ポストである。このすべてに就いたのは大谷氏くらいであろう。加えて、秘書課長は最高裁事務総長とともに、最高裁裁判官会議に陪席する枢要ポストだ。最高裁が純粋培養したスーパーエリートこそ大谷氏なのである。

その後、大谷氏は刑事局長、人事局長、静岡地裁所長、最高裁事務総長、大阪高裁長官と出世街道を進み、2015年2月に最高裁判事となった。それまでの約38年弱で彼が法廷に出たのは9年9カ月ほどにすぎない。

大谷氏が刑事局長時代に裁判員制度の立ち上げに尽力したことも効いている。前々長官の竹﨑氏と前長官の寺田逸郎《てらだいつろう》氏にもこれに携わった共通する経歴がある。前出の瀬木氏は裁判員制度導入の背後には刑事系裁判官による民事系裁判官に対する「基盤の強化」と「人事権の掌握」の意図があったと紹介している(瀬木『絶望の裁判所』講談社現代新書)。この文脈からも「大本命」であった。

安倍晋三政権も今回の人事はすんなり認めたようだ。夫婦別姓を禁じる民法の規定、2016年の参院選挙区選の「1票の格差」、そしてNHKの受信料制度。これらをめぐる三つの訴訟の大法廷判決で、大谷最高裁判事はいずれも「合憲」とする多数意見に加わった。同じエリート裁判官でも泉徳治《いずみとくじ》元最高裁判事は少数意見を多く書いたが。安保法制違憲訴訟が上がってこようと恐くないと、政権側は高をくくっていよう。

LATER ON　2010年9月にアメリカ・セントルイスにあるワシントン大学で、日本の最高裁について日米の研究者が報告・討論しあう研究会があった。通訳がつくからといわれて、重い腰を上げて私も参加した。本文中の泉徳治元最高裁判事も出席されていた。大谷長官同様に最高裁事務総局の幹部ポストを歴任されたエリート裁判官だけに、近寄りがたい方なのではないかと勝手に想像を膨らませていた。ところが、たまたま懇親会で近くの席になりお話を伺っていると、軽妙洒脱な語り口にすっかり魅了されてしまった。まったく偉ぶるところがなく、こちらが恐縮するほどであった。ちなみに、私の個人HPに載っている「ミシシッピ川をバックに（2010・9・10）」と説明のある写真（http://www.nishikawashin-ichi.net/gallery.html）は泉氏に撮っていただいたものである。泉氏から「撮りましょうか」と声をかけられ感激したことをよく覚えている。

2.16——#83

名護の選挙前移住はフェイクニュース

2月4日投開票の沖縄県名護市の市長選挙は、新人の渡具知武豊《とぐちたけとよ》氏が、現職の稲嶺進《いなみねすすむ》氏を破って初当選した。争点となった米軍普天間基地の同市辺野古沿岸部への移設計画について、渡具知氏は事実上容認し、稲嶺氏は反対の立場だった。渡具知氏を自民党、公明党、日本維新の会が推薦した。稲嶺氏を民進党、共産党、自由党、社民党、沖縄社会大衆党が推薦し、立憲民主党が支持した。

ウェブ上には、〈パヨクの「選挙前移住」は本当だった〉が、負けてざまあみろ的なネトウヨの書き込みが飛び交っている。「パヨク」とは左翼の蔑称である。「選挙前移住」とは、選挙前に住民票を組織的にある選挙区に移して一時的にそこの有権者になり、票の上乗せを図る選挙「戦術」をいう。名護市の有権者は1月27日時点で4万9372人で、4年前の前回の当日有権者は4万6582人だった。2800人近くも増えたのはおかしいというわけだ。

名護市の人口の増減は、毎月発行される名護市広報『市民のひろば』に出ている。公職選挙法の規定により、選挙期日の告示日(1月28日)の前日において引き続き3カ月以上名護市の住民基本台帳に記録されており、投票日に満18歳以上の人が有権者となる。『市民のひろば』

には発行月の前々月末日時点での市の人口が記載される。そこで、市長選のほぼ3カ月前の10月末日の人口が載る『同』2017年12月号から遡って、市の人口の推移を月ごとにみていった。

その結果、急激で不自然な人口増があった月は確認できなかった。過去4年間の傾向として、人口は毎月基本的に微増を続けている。2月と3月に毎年合計で600人程度（14年は470人）の人口減があり、4月にはその減少幅に近い人口増があった。

前回市長選の投票日は14年1月19日である。およそ3カ月前の13年10月末日の人口は6万1829人なのに対して、昨年10月末日では6万2764人であった。この4年間で935人しか増えていない。ではなぜ有権者の増え方が人口の増分の約3倍になったのか。

もちろんその主な理由は、16年6月に有権者年齢を18歳に引き下げる法制度が施行されたことによる。〈パヨクの「選挙前移住」〉は明らかにフェイクニュースだ。

「選挙前移住」といえば、公明党・創価学会のお家芸であるとのまことしやかな噂がある。名護市長選では、前回自主投票だった公明党が今回は渡具知氏を推薦したことが結果を大きく左右した。加えて、今回は期日前投票者数が有権者の4割を超えて過去最多になった。それだけに、稲嶺氏の支持者にはこの噂を想起した向きもあろう。実は私もその一人だ。しかし、それは「引かれ者の小唄」であることが上記の調べでわかった。

元公明党委員長でのちに公明党・創価学会と対立する矢野絢也《やのじゅんや》氏は、噂をこう否定している。

「私の知る限り、学会の指示による、そのような事実はなかった。（略）熱心な学会員が、勇《いさ》み足で選挙のために住民票を移している場合があるかもしれないが」(矢野絢也『黒い手帖　創価学会「日本占領計画」の全記録』講談社)

「数が(殺人を)神聖化する」とはチャップリンの映画『殺人狂時代』の名せりふである。数をよく吟味して数を「世俗化」することこそフェイクを暴く力になる。

LATER ON　いまさらどうにもならないが、期日前投票の「活用」が選挙のたびごとに高まっているのはなんとも苦々しい。しばしば懸念されるように、期日前投票は「強制投票」を誘発する。名護市長選挙ではある政党が支援組織のメンバーを根こそぎ期日前投票させるために、レンタカー200台を借り切って期日前投票の投票所への送迎を行ったという。あるいは、2018年6月の新潟知事選では、県内のある建設業協会支部が「期日前投票調査表」を作成し、会員企業に配布している。だれがいつ投票に行ったかがそこに記載される(横田一「強制投票とデマがまかり通った新潟知事選」『週刊金曜日』2018年6月15日号)。

期日前投票は日本国憲法前文にある「国民の厳粛な信託」を、著しく空疎なものにする。投票率向上ファーストの代償は大きい。

3.16 ―― #84

「お前こそやめろ」窮地に陥る安倍政権

公正であるべき行政が歪められるとどうなるか。最も悲劇的な結果でそれが示された。財務省近畿財務局の職員が今月7日に自殺した。安倍晋三政権が掲げる「働き方改革」が聞いて呆《あき》れる。この職員は近畿財務局で森友《もりとも》学園への国有地売却を担当していた。

この事件が報じられた9日には、佐川宣寿《さがわのぶひさ》国税庁長官が辞任した。政権は「適材適所」を主張してきた。ならばなぜ辞める必要があったのか。民進党の増子輝彦幹事長は「佐川氏は安倍首相を守ることに終始し、そういう意味では適材適所だった」と解説した（10日付『毎日新聞』）。11日付『毎日新聞』によれば、昨年2月の問題発覚当時の理財局長だった佐川氏が「売却の経緯を説明する責任者として書き換えを指示したとみられる」という。事実とすれば増子氏の指摘がずばり当てはまる。

ついに12日になって、財務省は決裁文書の書き換えの事実を認めた。驚くべきは、これを前提にして「自民党幹部」が「改竄（かいざん）ではなく訂正はあったようだ。そのレベルだ」と言い放ったことだ（11日付『産経新聞』）。たぶんあの首相の腰巾着議員だろう。公文書の厳正さに対する無理解ぶりを絶望的にさらしている。12日付『産経新聞』は、途中で書き換えられた文書は14にものぼると伝えた。「1つの文書から交渉の経緯などを削除しようとしたところ、玉突きで次々に書き換えせねばならなくなったという」。

国会はオリジナルとは異なる資料を根拠にこれまで審議を重ねてきた。それに費やした膨大な時間はなんだったのか。今回判明した公文書改竄は国会を、そして国民を愚弄する行為だ。

ではその背景にはなにがあるのか。内閣人事局による霞が関の幹部人事の一元管理を政権が露骨に「活用」した弊害を、私は指摘したい。政権中枢に取り入ることに長《た》けたヒラメ官僚が出世する。こうした新たな「お役所の掟《おきて》」の定着を証明するものではないか。

一例を挙げよう。今年1月26日付で新しい駐米大使として杉山晋輔氏が任命された。彼はその10日前の1月19日付で外務事務次官を退官している。どの府省でも事務方のトップは事務次官である。しかし外務省の場合にはその上に駐米大使があり、これが事実上の最高峰ポストとなる。元外務省職員の佐藤優《さとうまさる》氏は、「外務次官に上り詰めたい一心で、最初から無理だとわかっていても、ひたすら安倍政権にゴマをすろうとして失策を重ねる」と杉山氏を酷評している（同『外務省犯罪黒書』講談社エディトリアル）。

『読売新聞』の記者を長く務めた岸宣仁《きしのぶひと》氏はこう述べる。「役人は人事がすべて――善きにつけ悪しきにつけ、やはりこれが三十年以上霞が関を取材し続けてきた私の結論である」（同『財務官僚の出世と人事』文春新書）。ここにつけ込んだ政権がいま大きなツケを払わされようとしている。

北朝鮮（朝鮮民主主義人民共和国）による「国難」を持ち出して国民の目をそらす政権の常套《じょうとう》

手段も、米朝首脳会談の開催合意で封じられた。ある元政治部記者から、安倍首相と麻生太郎財務大臣の間で「お前やめろ」「お前こそやめろ」と喧嘩《けんか》になっているらしいとのメールが届いた。2人ともやめるしかあるまい。そして、この尊い死を贖《あがな》え。

LATER ON 2018年6月4日に財務省は決裁文書改ざんの調査結果と関係者の処分を公表した。同日夜の記者会見で麻生財務大臣は「改ざんは財務省理財局で行われた。(略)再発防止の体制をしっかり整えていく必要がある」と述べた。麻生大臣は閣僚給与1年分を自主返納するという。当時理財局長だった佐川宣寿前国税庁長官をはじめ20人の財務官僚が処分された。すべての責任を理財局に押しつけ、改ざんの理由を問われて「それが分かれば苦労しない」と平然と言い放つ麻生大臣を、財務官僚はどう思っただろうか。察するに余りある。「お前こそやめろ」と彼らに代わって叫びたくなる。

4.13――#85

内閣法制局人事が示す〝功労者〟への執着

内閣法制局でまた興味深い人事が行なわれた。近藤正春《こんどうまさはる》内閣法制次長の定年を来年3月末まで1年延長するというのだ。人事院規則で内閣法制次長の定年は62歳と決められている。より正確には、62歳に達して最初の3月31日が定年退官日となる。近藤氏は1956年1月生まれなので、この3月31日に定年退官するはずだった。同日付の発令で、決め手は「来年4月30日に予定される天皇陛下の退位に関する憲法問題に精通しているため」とのことである（3月31日付『中国新聞』）。

私は今回の人事には別の理由があると考える。以前の当コラムで紹介したように、内閣法制局幹部の出世コースは慣例的にこう決まっている。総務主幹→第二部〜第四部（審査部）のいずれかの部長→第一部（意見部）の部長→次長→長官。次長は必ず長官に上がる。次長以下の職員は一般職国家公務員なので定年がある。一方、長官は特別職国家公務員ゆえ定年はない。定年を延長しなければ、近藤氏は長官になれなかった初の次長になってしまう。

実は次長の定年延長には前例がある。安倍晋三政権が上記の慣例を破って、駐仏大使だった小松一郎氏を長官に抜擢《ばってき》したのは、2013年8月のことである。当時の次長は横畠裕介《よこばたけゆうすけ》・現長官である。1951年10月生まれの横畠氏は、14年3月31日で定年退官を迎えてしまう。そこで同日付で定年を1年延長する人事が決められた。健康面での不安を抱える小松長官を支えるという理由付けもできた。その小松長官が14年5月に退任し、横畠氏が長官に、第一部長の近藤氏が次長に就いた。

近藤氏は定年延長によって来年3月までに長官に上がればよく、横畠氏はそれまで長官に留まれる。すると5年近くの異例の長期在任になる。憲法解釈を変更し集団的自衛権行使を可能にした「功労者」である横畠長官に、政権が寄せる信頼は厚い。内閣法制局の中では「昭和の高辻《たかつじ》、平成の横畠」と言われているらしい。高辻正己《まさみ》長官は7年8カ月在任し、佐藤栄作政権を支えきった。安倍政権も横畠氏を手放したくなかろう。

ただ、横畠氏の長期在任によって幹部人事が滞るのではないか。ところがそれはない。農水省出身の林徹・現第一部長は次長になれないからだ。内閣法制局には「四省責任体制」という慣行がある。長官・次長には法務省、旧大蔵省、旧通産省、旧自治省のどれかの出向者がなるというものだ（牧原出《まきはらいずる》編『法の番人として生きる　大森政輔元内閣法制局長官回顧録』岩波書店）。

したがって、林氏を今年中に第一部長から退かせて、第二部長〜第四部長の3人の中から1人を第一部長とし、近藤氏の長官昇格に伴って次長に上げる人事が予想される。3人の部長のうち北川哲也第三部長は旧郵政省出身なので外れる。岩尾信行第二部長（法務）と高橋康文第四部長（大蔵）が残る。入省年次により高橋氏が上がるとしよう。1959年5月生まれの高橋氏は定年に達する2022年3月までには長官になろう。言い換えれば、近藤氏は19年4月に長官に就いても3年程度は在任できる。標準的な在職期間となり、近藤氏は面目を保てる。

横畠長官への政権の執着と近藤氏の名誉保持の観点から、今回の人事は練られたのではないか。

LATER ON　もはやありえないだろうが、2007年5月25日に内閣法制局は私と大学院生4人の局内見学を受け入れてくれた。その日の私の日記を引用する。

「照屋係長の案内で中に入る。まず中野総務課長の説明と質疑応答。国会対応で林総務主幹は遅れるとのこと。やがて林総務主幹入室。質疑応答の続き。院生も質問してくれ、基本的なことがわかっていなかったことに気づかされる。それにしても、林総務主幹はきのう、というか正確にはきょう帰宅が午前2時だったという。他の職員も同様で、終電で帰ればいいほうとのことで、あいかわらずのすさまじい残業ぶりに驚く。質疑応答のあと、各部を尋ねて、その机の配置や審査風景を写真撮影させてもらう。ちょうど審査の最中のテーブルもあって、なかなかの臨場感だった。そのあと、長官が面会希望とのことで仰天する。まったくの想定外。おずおずと長官室にお邪魔する。応接セットが二つあって広々した感じ。宮﨑長官と名刺交換。ソファをすすめられ、緊張して話すことに困る。長官が韓国の法制処との違いを書かれた論文を話のネタに出してくれたので、なんとか話がつながる。この話題だけで終わってしまってもったいなかったが、お会いできたことだけでもよしとしなければ。12時過ぎに係長に見送られて強い雨の中を、国会議事堂前駅まで歩く。院生たちも予想外の展開に上気した顔をしている。現場を踏むことの大切さをまた実感させられる。」

上記の林総務主幹とは、本文中に出てくる林徹第一部長である。宮﨑長官とは200６年９月から２０１０年１月まで内閣法制局長官を務めた宮﨑礼壹氏のことである。

２０１８年７月30日付の人事で林氏は退職し、後任に岩尾信行第二部長が就いた。

5.18――#86

裁判所が前川氏拒否〝官製ヘイト〟の片棒

「白ブリーフ裁判官」として有名な岡口基一《おかぐちきいち》東京高裁判事のツイッターをフォローして、もう3年以上になる。そこで彼はヘイトスピーチをしばしば強く非難している。たとえば、昨年8月29日には「ヘイトスピーチは日本の恥!!! 在日外国人に対する差別も日本の恥!!!」とツイートした。まったくそのとおりだ。

よもやヘイトスピーチが裁判所内でまかり通っていようとは。本誌4月20日号の「論争」欄に掲載された、裁判所職員による投稿を読んで強い衝撃を受けた。裁判官は選挙を経ない非選出部門である。だが、彼らは選出部門である国会が成立させた法律に対して、違憲の判断を言い渡すことができる。その際、裁判所が国会の意思を覆す根拠としてすがるのが「国民の信頼」である。歴代最高裁長官は裁判所向けのあいさつのたびに、この言葉を必ず挿入してきた。ヘイトスピーチはこれと真っ向から対立する。

さて、去る5月10日に福岡地裁小倉支部（鈴木博裁判長）は、前川喜平《まえかわきへい》・前文部科学事務次官の証人尋問を認めない決定をした。２０１３年12月に九州朝鮮中高級学校の卒業生らが、国が朝鮮学校を高校無償化の適用対象外としたのは違法だとして、国に損害賠償を求めて提訴した。

原告側は09年当時大臣官房審議官として、高校無償化法の制度設計に関わった前川氏を証人採用するよう申請した。

前川氏は昨年12月に「朝鮮学校を無償化制度の対象としないとの議論はなかった。準備段階でも対象になることは関係者の共通認識だった」などと記した陳述書を裁判所に提出していた。原告側は前川氏を出廷させ、にもかかわらず対象外となったのは「政治外交的理由」だとする証言を得る方針だった。一方、国側は「事務方個人の意見にすぎない」として尋問に反対した。結局、鈴木裁判長は「これまでの審理に照らして理解でき、必要ない」と述べて、証人尋問を退けた。

高校無償化制度は民主党政権が２０１０年４月に導入した。当初は朝鮮学校も審査対象だった。ところが、同年11月の北朝鮮（朝鮮民主主義人民共和国）による韓国・延坪《ヨンピョン》島《ド》砲撃事件が起きて手続きが中断した。そして政権交代後の13年２月に、文科省は省令を改正して朝鮮学校を無償化の対象外としたのである。

裁判所の決定に先立って、前川氏は『毎日新聞』の単独インタビューに応じている（「デジタル毎日」５月９日、北九州版）。砲撃事件による審査延期については、「朝鮮学校が教員数や授業時間数など外形的基準を満たしていたのは明らかで、十分な資料は集まっていた。砲撃事件と朝鮮学校の生徒に支援金を出す話は（本来）関係ない」と答えている。

前川氏の正論は続く。「裁判所まで（政権に）忖度《そんたく》している」「『官製ヘイト』だと思う。政府自身がヘイトの源になり、ことさらに朝鮮学校に対する猜疑心《さいぎしん》、嫌悪感をあおっている」。我が意を得たりと深くうなずいた。
今回の決定の背景に、上述のヘイトに鈍感な裁判所の職場環境があるとは思いたくない。ただ、裁判所が「官製ヘイト」の片棒を担いだと、それこそ「外形的」に受け止められかねない。裁判所への「国民の信頼」を傷つけることにならなければよいが。

LATER ON 岡口裁判官のツイッターが6月下旬に凍結された。7月24日には東京高裁が彼について裁判官の懲戒を判断する分限裁判を最高裁に申し立てた。問題とされたのは、飼い犬の返還を求めた民事訴訟をめぐる5月17日の投稿である。彼はそれまでツイッターへの投稿をめぐり東京高裁から二度「厳重注意」を受けている。「次にやらかしたら」と当局は手ぐすねを引いていたのだろう。
過去の分限裁判で裁判官が処分されたのは、万引きや飲酒による不祥事、あるいは「積極的な」政治活動をとがめられたものなどである。岡口裁判官の場合は、勤務時間外に投稿であり、その際に裁判官だと職業を明かしたわけでもない。一市民による自由な表現、言論活動である。最高裁が分限裁判で彼を処分することになれば、表現の自由が裁判官には認められないことになる。これで司法は市民の表現の自由を守れるのか。

6.15——#87

批判は「反日」ではない
法大に次ぎ明大も声明

たまには私の勤務先もいいことをする（といったら怒られるな）。明治大学は6月8日付で「自由な学問と知的活力のある大学へ」（学長・学部長声明）を発した。5月16日に田中優子・法政大学総長が公表した「自由で闊達な言論・表現空間を創造します」とのメッセージを支持するものだ。明大の声明は、田中法大総長のメッセージ抜粋を掲げた上で、こう述べている。

「私たちは、田中総長のメッセージを支持いたします。近来、一部国会議員や言論人が、学問の自由と言論表現の自由に対して、公然と介入し否定する発言を行っているのは、憲法を無視しているだけではなく、私たちの日常を支えている、民主主義のモラルを公然と否定するものです。『権利自由』『独立自治』を建学の精神とする本学にとって、この事態は看過できるものではありません。／大学にとって批判的精神は常に必要とされるものであり、この批判的精神によって、権力の暴走を阻み、健全な市民社会を支えていくのです（以下略）」。

昨年12月13日付『産経新聞』に「『徴用工』に注がれる科研費」と題する記事が載った。文部科学省と日本学術振興会が研究者らに交付する研究費である科学研究費助成事業（科研費）が、徴用工問題に取り組む3名の研究者に交付されているというものだ。自民党の杉田水脈《すぎたみお》衆院議員が今年2月26日の衆議院予算委員会第四分科会で、これを資料に質疑した。「慰安婦問題の次に徴用工の問題というのは非常に反日のプロパガンダとして世界に情報がばらまかれておりまして」、そうした研究に原資がほぼ血税である科研費がつぎ込まれているのはいかがなものかとの趣旨である。

この杉田議員の質疑は「神質疑《かみ》」と持ち上げられネット上を駆けめぐった。「【緊急拡散】反日教授たちへの科研費を削減しろ！」とのかけ声の下、「反日教授たち」を名指ししてのキャンペーンへと発展していく。櫻井よしこ氏も「科研費の闇、税金は誰に流れたか」を書いて「参戦」した（『週刊新潮』4月25日発売号）。最大の標的になったのが山口二郎・法大教授である。山口氏は反論を4月29日付『東京新聞』に寄せている。

さらに「反戦」もキャンペーンに加えられる。『正論』7月号に砂畑涼「あの反戦学者の研究には、いくら公金が？ 徹底調査科研費ランキング」が掲載された。その155頁には『安保関連法に反対する学者の会』呼びかけ人科研費ランキング」として、交付金額順に呼びかけ人の研究者名が所属と交付金額とともに表になっている。砂畑氏は「私は自分自身が苦しい思いをして支払った税金で陳腐な安部批判のための研究などをしてほしくない」などと結んだ。

科研費は競争的資金であり、応募者が作成した詳細な研究計画調書が、同じ分野の覆面の研究者による2段階の厳正な審査にかけられて採否が決まる。「反日」「反戦」的研究が優先的に採択されるなどありえない。にもかかわらず「反日」「反戦」というあいまいで感情的なレッテル貼りで研究者を選別し、萎縮させる風潮を強く憂える。明大の声明にある批判的精神に満ちた研究こそ、学問の発展を担保してきたのだ。あろうことか、今や「反日」ヘイトは学問の世界にまで刃を向けている。

LATER ON 「政治時評」の締切りは刊行される週の月曜正午である。私は月曜の午前中に授業があるので、原稿は遅くとも日曜日の夜までには仕上げておかなければならない。6月10日（日）の午前中にひととおりの原稿を書き終えた。国民民主党が総務会を設置したことを、自民党の総務会の慣例的運用と対比させて懸念したものである。やれやれとばかりに、フォローしているツイッターをあれこれみているうちに、本文にある明大声明の存在を知った。勤務していながら「他人」から教えられるとは汗顔の至りである。強い衝撃を受け、昼食をはさんで急遽別の原稿を書き出した。ただ、「内輪ボメ」のようで出稿に躊躇した。結局、翌日早朝に2本の原稿を送信して、編集部に選択を委ねたところ、後者が掲載されることになった。没原稿は私の個人HPで読めます！（http://www.nishikawashin-ichi.net/other-papers.html）。

2018

7.13 ——#88

同じレベルに下りた国家による大量執行

7月6日午前に、オウム真理教の一連の事件で死刑が確定していた元代表・松本智津夫《まつもとちづお》（麻《あさ》原彰晃《はらしょうこう》）死刑囚ほか元幹部6人の死刑が執行された。3月14日から15日にかけて、この事件での確定死刑囚13人のうち7人が収容されていた東京拘置所から他の拘置（支）所に移送された。これで年内執行の準備は整ったと思われた。だがなぜこの日だったのか。

上川陽子《かみかわようこ》法務大臣は同日の記者会見で、死刑執行命令書に署名したのは7月3日だったと公表した。刑事訴訟法により大臣の決裁から5日以内に執行される。土日の執行はないので6日（金）が「期限」になる。3日早朝には、サッカーワールドカップで日本がベルギーに敗れた。これを受けての署名だったと推測する。サッカーで国中が沸騰しているときに死刑執行はできまい。一方で、署名を急がせたのは、その前日に明らかになった天皇の体調不良だったのではないか。もし容態が重篤になれば執行は見送られよう。

共犯関係にある死刑囚は同日執行の慣例がある。とはいえ、移送後も東京拘置所にはオウム関連で6人の死刑囚がいた。1日での執行には刑場が追いつかない。そこで教祖および最高幹部がまず選ばれたのだろう。そもそも13人の一斉執行では国際的イメージを大きく損ねる。7

人でも1日の執行数としては1993年の死刑執行再開以降で最多となる。その前夜、上川法相は自民党所属国会議員が集まる酒席を楽しんでいた。どういう神経をしているのか。

私は国家による殺人として死刑に反対である。経済協力開発機構（OECD）加盟35カ国で通常犯罪に死刑があるのは日本・米国・韓国のみで、韓国は97年を最後に執行がない。国際人権NGOのアムネスティ・インターナショナル日本は、今回の執行について〈1日に7人の大量処刑は、近年類を見ない。彼らの犯行は卑劣で、罪を償うのは当然である。しかし、処刑されたところで、決して償いにはならない。（略）日本政府は「世論が望む」から死刑執行は避けられない、と繰り返し主張してきた。しかし、本来、国がすべきことは、一歩踏み出して、人権尊重を主導することである〉などと抗議した。

国会には超党派の「死刑廃止を推進する議員連盟」がある。第4代会長の亀《かめ》井《い》静《しず》香《か》氏が2017年10月の衆議院選に出馬せず引退して以降、会長は空席が続いている。残念ながら、近年の活動実績はないようだ。それでも今回の執行について、亀井氏は「人が人の命を奪うことで裁くことには根底から反対だ」と語った（7月7日付『朝日新聞』）。

内閣府による2014年11月実施の世論調査では、「死刑もやむを得ない」との回答が8割を超える。被害者とその家族の感情を重視するのだろう。ただ、映画『マイケル・ムーアの世界侵略のススメ』には、11年7月のノルウェー連続テロ事件で息子を失った父親が登場する。ムーアが「犯人を殺したいとは？」と問うと「復讐は望まない」と答える。「仇は討たない？」と重ねて尋ねられると「犯人と同じレベルに下りてこう言えと？〝お前を殺す権利がある〟

そんな権利ないさ」とムーアを諭す。
死刑は国家が「復讐」のために「犯人と同じレベルに下りて」いるに等しい。これこそ死刑廃止を根拠づける原点である。

LATER ON 7月26日に、オウム真理教が起こした一連の事件で死刑が確定した元教団幹部6人に死刑が執行された。これで確定死刑囚13人全員が刑場の露と消えた。9月の自民党総裁選後の内閣改造によって就任する別の法相が執行すると思っていた。まさか同じ上川法相が執行するとは。彼女は前回在任時(2014年10月〜2015年10月)と合わせて16人の執行命令書に署名したことになる。これは死刑執行が再開された1993年以降で最多となる。取り巻きの法務官僚が言葉巧みに誘導したのかもしれないが、その心情たるや推し量りようもない。
13人全員の死刑執行を受けて、NHKが8月3日から3日間の世論調査で死刑制度について尋ねている(回答数1205人)。その結果は「存続すべき」が58%、「廃止すべき」が7%、「どちらともいえない」が29%となった。これまた死刑廃止について「国民的なコンセンサスがまだない」ことの論拠に使われるのだろうか。NHKは日本の犯罪史上最悪の凶悪事件を前提として質問している。「存続」のための「印象操作」の感を強く抱く。

8.10――#89

軍事、原発、選挙制度「ムダの制度化」考

妻が市民農園の抽選に当たって、この春から農作業に励んでいる。きゅうりの大豊作で、近頃ではきゅうりが食卓に上らない日はない。曲がってしまったきゅうりもよく穫れる。とはいえ、味に問題はないし、切ってしまえば曲がっていようが関係ない。しかし、スーパーでは曲がったきゅうりは決してみかけない。農産物に過剰品質が求められている一例である。曲がったきゅうりはムダとなる。過剰な浪費が制度的に行われている。これを「ムダの制度化」という。

経済学者の都留重人《つるしげと》氏は1963年に発表した論文でこう書いている。「現在のアメリカでは、日本の国民総生産全額を上まわる金額のものを国防費として支出している。必要だと思うからこそ支出しているのであろうが、経済の立場からすれば、なくもがなの支出、再生産過程からは脱落するところのムダな支出である」「アメリカの場合、『ムダの制度化』の大宗《たいそう》をなす国防支出がおそろしく巨額にのぼるということは、アメリカの経済、ひいてはその社会全体のなかに、『産軍相互依存体制』と呼ばれる体質的な特徴を生んでおり（以下略）」（『都留重人著作集』第3巻、講談社、60―62頁）。

2018

先月31日に15年ぶりに火星が地球に最接近するとあって、各地で観察会が開かれた。アメリカ航空宇宙局（NASA）には、2030年代に人類の火星到達を目指す計画があるという。1969年にアポロ11号が人類史上初の月面着陸を成し遂げた。ただ、巨費が投じられたこの「偉業」によって、人類の福祉はそれに見合うほどに向上したのだろうか。宇宙開発は軍事支出と同質の「ムダの制度化」と思えて仕方がない。

軍事支出といえば、防衛省は火星最接近の前日に、陸上配備型迎撃ミサイルシステム「イージス・アショア」2基の配備費用が、当初の想定から1基あたり約1・7倍の総額4664億円に膨らむとの試算を明らかにした。しかも「金額は売り主の米側の『言い値』になりやすく、さらに増える可能性がある」という（7月31日付『朝日新聞』）。アメリカの「産軍相互依存体制」と不可分の「ムダの制度化」に、日本の国富が青天井にむしり取られるのか。

さて、記録ずくめの猛暑の毎日である。冷房需要の急増で電気が足りなくなるのではと心配してしまう。だが、そうはならないらしい。「3・11」以降節電が定着し、再生可能エネルギーの普及も進んだためだ（8月2日付『朝日新聞』）。原発は「原子力ムラ」を守るための「ムダの制度化」であることが、ますますはっきりした。

そして、「ムダの制度化」の番外編としてぜひ指摘しておきたいのが、自民党の杉田水脈《すぎたみお》衆院議員の存在である。かかる人権意識を欠落させた人物でもバッジを付けられるのは、現行の選挙制度に起因する。杉田氏は昨年の総選挙で比例中国ブロックの単独17位で立候補した。このとき自民党は、中国ブロックで小選挙区との重複立候補者16人を1位で並べた。彼らのうち

15人が小選挙区で当選した。従って、杉田氏は実質的に名簿順位2位となって当選できた。名簿順位下位での単独立候補の場合、有権者に吟味《ぎんみ》されずに当選してしまう事態が生じる。こうした「ムダ」が「制度化」された選挙制度なのである。

あとがき

『週刊金曜日』の政治時評を担当することになった経緯は、#1の**LATER ON**に書いたとおりである。編集担当者は2014年3月号までは宮本有紀氏、同年4月号からは片岡伸行氏である。毎月どうにか原稿を仕上げられてきたのは、両氏の綿密なスケジュール管理と的確な助言によるところが大きい。また、同誌の校正部の仕事ぶりはまさに職人芸で、不正確な記述を何度直されたことかしれない。おかげで事実誤認や思い込みによる誤記を防ぐことができた。お二人と校正部のみなさまに深い感謝の意を表します。加えて、この連載を単行本化することをご快諾いただいた株式会社金曜日の北村肇社長、並びに原稿データ提供の労を執っていただいた社員の方々に、厚く御礼申し上げます。今後もよろしくお願いいたします。

さて、本書の版元の五月書房新社の前身である五月書房と私との「出会い」は、２０００年に同社から拙著『立法の中枢　知られざる官庁・内閣法制局』を刊行したことにさかのぼる。同社の鶴田實社長は律儀な方で、それ以来同社で新刊が出されるたびに私に献本してくださった。そして、五月書房の代表的刊行物といえば、オスヴァルト・シュペングラーの『西洋の没落』（村松正俊訳）という2巻本である。その「ニュー・エディション」の第1巻が２０１５年7月14日の日付の、第2巻が8月4日の日付の鶴田氏による謹呈メモ書きとともに、同年夏に相次いで届けられた。中を開くと、同社の総力を挙げた編集上の工夫が随所に凝らされていて、社運をかけた大事業の意気込みを私はひしひしと感じた。総頁数は第1巻が６０２頁、第2巻が６６６頁にも及ぶ。掛け値なしの圧倒的な迫力である。

ところが、その第2巻を受け取った直後の8月10日にある法律事務所から封書が届いた。開封すると、五月書房が破産したとして今後の手続きが記されていた。たいへんな衝撃を受けた。とうてい信じられなかった。別の出版社の方に情報収集すると、同年6月末にある出版取次が大型倒産したので、その連鎖倒産ではないかと言われた。

『週刊金曜日』同年9月18日号が私の次の「政治時評」担当号だった。そこで、私は次の文章を最終段落に入れるつもりだった。だが、字数オーバーで断念した。それを掲げる。

「ところで、本誌前々号の最終頁で惜しまれているが、五月書房が廃業した。振り返れば、１９９８年にこの「政治時評」で深津真澄氏が内閣法制局に関する拙稿を取り上げてくれた。それが五月書房の目に止まり、同社から初の拙著を刊行できた。同じコラムをいま私が執筆している。内閣法制局、本誌、五月書房の三者で因果はめぐる。五月書房にこそレクイエムを捧げる」。

その後、２０１６年9月に鶴田氏からお電話をいただき、２０１７年1月には私の研究室で再びお会いすることができた。やがて、ＨＰ上で同年4月に同社の後継会社として五月書房新社が設立されたことを知った。２０１８年3月初旬には同社の柴田理加子社長らの来訪を受けて、新著出版について打診された。２０１１年4月から毎月書いていた「政治時評」がかなりたまってきたため、それをまとめたものを出したいと申し上げると、即決していただいた。同月末には、五月書房時代からお世話になっている五月書房新社の鵜飼隆氏と片岡力氏が来られて、具体的な企画案を打ち合わせた。**LATER ON** を付けるというのは両氏のアイデアである。

本書を五月書房の経営に文字どおり粉骨砕身された鶴田實氏に捧げたいと思う。そして、同氏の志を受け継ぐ五月書房新社のますますの隆盛を、心から祈念する次第である。

２０１８年6月29日　観測史上初となった6月の梅雨明けの日に

西川伸一

事項索引

＊文脈上自明と考えて「政権」と略記している場合には、該当する政権の項目にその掲載頁を入れた。
＊本文中では「　」で括られている事項のうち、「　」がなくても自明のものには「　」を外した。
＊映画名のうち本文中では「　」で括られているものも、すべて『　』で括った。

あ行

さ行

た行

な行

は行

ま行

や行

ら・わ行

人名索引

＊「首相」など肩書きだけの場合も、指示している人物が明確であればその掲載頁を入れた。

あ行

か行

さ行

た行

な行

は行

ま行

や行

ら・わ行

著者略歴

西川伸一 *NISHIKAWA Shin-ichi*

1961年　新潟県生まれ
1984年　明治大学政治経済学部政治学科卒業
1990年　明治大学大学院政治経済学研究科政治学専攻博士後期課程退学
　　　（4年間在学）
同　年　明治大学政治経済学部専任助手
1993年　同専任講師
2000年　同助教授
2005年　同教授
2011年　博士（政治学）取得

【2010年以降の著書・訳書】
2010年　『オーウェル『動物農場』の政治学』ロゴス
同　年　『裁判官幹部人事の研究』五月書房
2012年　『最高裁裁判官国民審査の実証的研究』五月書房
2013年　（翻訳）デイヴィッド・S・ロー『日本の最高裁を解剖する』
　　　現代人文社
同　年　『これでわかった！ 内閣法制局』五月書房
2015年　『城山三郎『官僚たちの夏』の政治学』ロゴス

政衰記《せいすいき》 2011―2018

「政治時評《せいじじひょう》」7年間《ななねんかん》の記録《きろく》

本体価格……一六〇〇円

発行日……二〇一八年一〇月二八日 初版第一刷発行

著者……西川《にしかわ》 伸一《しんいち》

発行者……柴田理加子

発行所……株式会社 五月《ごがつ》書房新社

東京都港区西新橋二―八―一七

郵便番号 一〇五―〇〇〇三

電 話 〇三（六二六八）八一六一

FAX 〇三（六二〇五）四一〇七

URL www.gssinc.jp

装幀……長久 雅行

印刷／製本……株式会社 シナノパブリッシングプレス

ISBN: 978-4-909542-14-4 C0031

TOPICA 2018 vol.1

圧倒的！リベラリズム宣言

山口二郎・外岡秀俊・佐藤 章 著

好況を偽るアベノミクス、大義なき解散総選挙、小池旋風と希望の党の失速、森友学園や加計学園、スパコン疑惑などに見られる堕落した行政……。2017年下半期から次々と馬脚を現してきた「フェイク政治」を脱却して、本物の政治を立て直すために、今こそリベラリズムの復権を！

四六判／並製／本体1500円 ISBN978-4-909542-02-1

完全版 大国政治の悲劇

ジョン・J・ミアシャイマー 著
奥山真司 訳

大国政治の悲劇は国際システムの構造に起因するのであって、人間の意志ではコントロールできない——。旧版にはなかった最終章「中国は平和的に台頭できるか?」、書き下ろしの「日本語版に寄せて」および註釈をすべて訳出した、リアル・ポリティクスの国際標準にして「国際政治の教科書」の完全版。

A5判／並製／本体5000円 ISBN978-4-7727-0600-1

わが輩は保守本流である

保守本流から日本政治への警鐘

平野貞夫 著

「保守したければ、改革せよ」——実務派の政治家として長らく小沢一郎を支えた著者が、「森友・加計問題」や「公文書改ざん問題」で揺れ動く国会に喝を入れ、日本の未来に警鐘を鳴らす！

B6判／並製／本体1000円 ISBN978-4-909542-03-8

表示価格は本体価格（税抜）です。